hänssler

Friedhold Vogel

Mit Gott *persönlich* im Gespräch

Fünf Gebetsschritte in Gottes Gegenwart

Friedhold Vogel, 1937 in Falkenstein/Vogtland geboren, ist Evangelist, Theologe und Schriftsteller. Seit 1979 steht für ihn der evangelistische Dienst an erster Stelle. Er wurde von diesem Zeitpunkt an von seiner Kirche für diesen Arbeitszweig freigestellt. Insbesondere ist er tätig als freier Mitarbeiter beim Evangeliums-Rundfunk, Koordinator Deutscher Gebetsbewegungen, im Leitungskreis der Lausanner Bewegung Deutschland und deutscher Vertreter in der internationalen Lausanner Fürbittengruppe. Friedhold Vogel ist verheiratet und Vater von zwei erwachsenen Töchtern.

Hänssler-Taschenbuch
Bestell-Nr. 393.543
ISBN 3-7751-3543-X

Umschlaggestaltung: Stefanie Bunner
Titelbild: Bildagentur Mauritius
Satz: Vaihinger Satz + Druck
Druck und Bindung: Ebner ULM
Printed in Germany

Die Bibelstellen wurden in der Regel nach Luther 99 zitiert.

Inhaltsübersicht

Inhaltsübersicht

Vierter Gebetsschritt:
Befreiung

Fünfter Gebetsschritt:
Erfrischung

Anhang

»Es gibt nichts, was mehr Veränderung schafft als das Gebet«, so las ich es in einer christlichen Broschüre. Ist das wirklich so? – fragte ich mich. Ich begann darüber nachzudenken und brachte diese provozierende Aussage mit meinem Leben in Verbindung. Schlagartig fielen mir Erlebnisse ein, die mein Leben grundlegend verändert hatten, und ich entdeckte, dass sie tatsächlich durch Gebete geschehen waren.

Meine Entscheidung für Jesus Christus

Vor mir liegt eine kleine, vergilbte Karte mit der Aufschrift: »Meine Entscheidung für Jesus Christus.« Ich erinnere mich noch genau an den Tag, als ich sie mit meinem Namen unterschrieb. Es war der 17. Juni 1956. Aufrichtiges, suchendes und dringliches Gebet ging dieser Entscheidung voraus. Ich hatte nur noch einen Wunsch: Ich wollte Jesus gehören. Ich wollte mit Jesus leben und ihm zur Verfügung stehen. In einem Entscheidungsgebet machte ich das fest, und es veränderte mein Leben grundlegend. Es veränderte mein Lebensziel, und es veränderte meinen Lebensinhalt. Ich war ein Egoist gewesen, ein Aufschneider. Ich hatte mit »ungedeckten Schecks« gelebt. Keiner bemerkte, dass mein Auftreten in der Öffentlichkeit nur Fassade war. Nicht gute Vorsätze und harte Arbeit am Charakter veränderten diesen Lebensstil, sondern das Gebet der Hingabe an Jesus Christus bewirkte die

Veränderung. Ich war Gott begegnet und das war das Geheimnis der Revolution meines Lebens.

Monate vor meiner Entscheidung für Christus versuchte ich bereits als Christ zu leben. Ich bemühte mich, freundlich und hilfsbereit zu sein, führte Buch über Fehlverhalten des Tages, zog Abend für Abend Bilanz, fasste den Entschluss, begangene Fehler nicht zu wiederholen. Aber je mehr ich mich bemühte, um so kritischer wurde die Lage. Ich schaffte es nicht. Es war wie mit den Eisblumen am Fenster. Nun, heute gibt es das kaum noch. Aber damals, als ich Kind war, da bildeten sich in kalten Winternächten dichte Eisblumen innen an den Fensterscheiben. Wenn wir am Morgen erwachten, stellten wir uns auf die Fensterbank und bestaunten diese bizarren Gebilde. Dann begann das Eisblumenspiel: Wir hauchten von oben nach unten die Eisblumen so lange an, bis sie verschwanden. Wenn wir jedoch mit dieser Beschäftigung unten angekommen waren, dann hatten sich oben bereits wieder Eisblumen gebildet und sie waren durch unseren Atem noch dichter geworden als zuvor.

So erlebte ich das auch mit meinen Fehlern, mit meinen negativen Charaktereigenschaften, mit meinem falschen Verhalten und dem Versuch, das alles zu verändern. Wenn ich glaubte, die eine Sache unter den Füßen zu haben und mich anderen Fehlern zuwandte, rutschte ich Tage später wieder in das beseitigt Geglaubte hinein. Es war zum Verzweifeln. Und dann war da noch etwas, das ich erschreckend feststellte: Ich lebte in dieser Zeit der do-it-yourself-Veränderung wie in einem Korsett. Ich war so mit mir selbst beschäftigt, mit diesen kraftraubenden charakterlichen Renovierungsarbeiten, dass ich weder Gott noch meinen Nächsten sah. Ich hatte ständig die Hand am Puls, kontrollierte mein Verhalten und meine »Frömmigkeit« und hatte keine Hand frei für andere. An jenem 17. Juni erkannte ich, dass nur die persönliche Beziehung zu Jesus Christus, die Freundschaft mit dem Sohn Gottes wirklich verändern kann. Bis dahin sah ich nur ***mich***, drehte mich um ***mich***, beobachtete ***mich***. Plötzlich sah ich ***ihn*** – Jesus. Ließ mich von ***ihm*** mitnehmen auf die Reise. Ging mit ***ihm***. Liebte ***ihn***. Gehörte ***ihm*** und wollte für ***ihn*** da sein.

Sonne bringt das Eis zum Schmelzen. Wärme verhindert eine neue Vereisung. Jesus sagt:

> *»Ich bin das Licht der Welt. Wir mir nachfolgt, der wird nicht in der Finsternis wandeln, sondern er wird das Licht des Lebens haben.«* (Johannes 8,12)

Erklärend möchte ich hinzufügen, dass meine Eltern überzeugte Christen waren. Ich habe selten daran gezweifelt, dass es Gott gibt. Aber er spielte in meinem Leben bis zu diesem Junitag 1956 nur eine unbedeutende Rolle.

»... komm in mein Herz«

»... komm in mein Herz«

Ich erinnere mich auch, dass ich als Zwölfjähriger einmal betete: »Herr Jesus, komm in mein Herz«. Es war am Ende einer Religionsstunde, die eine Diakonisse vertretungsweise übernommen hatte. Sie berichtete überzeugende Erfahrungen mit Gott aus ihrem Leben. Am Ende der Unterrichtsstunde sagte sie: »Wer von euch Jesus Christus als Heiland aufnehmen will, der kann jetzt ein Gebet sprechen. Ein Satz genügt. Sagt einfach ›Herr Jesus, komm jetzt in mein Herz‹!« Einige Mädchen und Jungen sprachen dieses Gebet. Auch ich sprach diese Bitte aus. Zum ersten Mal spürte ich intensiv Gottes Nähe. Freude erfüllte mich und etwas ganz Entscheidendes geschah: Ich wurde von furchtbaren Ängsten befreit. Damals quälten mich Nacht für Nacht schreckliche Träume. Ich sah unheimliche Gestalten und hörte seltsame Musik. Es war, als ob das Bett sich bewegte. Manchmal lief ich in Trance durch die Wohnung. Irgendwo erwachte ich dann. Meine Eltern waren ratlos. Das alles, dieser dämonische Spuk, war plötzlich vorbei. Jesus hatte mich befreit.

Aber diese erste Erfahrung mit Christus hatte noch keine prägende Tiefenwirkung. Sie veränderte mein Leben nicht grundlegend. Ich hatte Jesus erlebt, seine Liebe und seine Kraft, aber ich folgte ihm nicht nach. Das geschah an jenem 17. Juni, als ich mich ihm betend bedingungslos auslieferte.

Im Rückblick erkenne ich die besondere Bedeutung beider Erfahrungen. Das erste »Entscheidungsgebet« war geprägt von der Einstellung »Jesus für mich«. Das zweite Entscheidungsgebet war bestimmt von der Grundhaltung »Ich für Jesus«. Die erste Erfahrung war das Ja zu dem, was Jesus Christus für mich getan hat. Die zweite Erfahrung war meine Hingabe an Jesus, die Bereitschaft und das Verlangen ganz für ihn da zu sein und seinen Willen zu tun.

»Es gibt nichts, was mehr Veränderung bewirkt als das Gebet.«

Eine neue Gottesbegegnung

Eine neue Gottesbegegnung

1971 erlebte ich einen Tiefpunkt als Pastor einer kleinen Gemeinde. Es war ein typisches »Burnout«. Wie es dazu kam und wie es durch Gebet überwunden wurde, möchte ich Ihnen berichten:

Nach meinem Theologiestudium war ich vier Jahre Jugendpastor in München. Eine wunderbare Zeit mit vielen Gotteserfahrungen. Immer wieder erlebte ich, dass junge Menschen sich für Jesus entschieden und ihm begeistert nachfolgten. Dann sollten wir, ich hatte inzwischen geheiratet, hauptverantwortlich eine Gemeinde leiten. Der Superintendent, ein persönlicher Freund von mir, der mein evangelistisches Charisma erkannte, wollte uns an einen Ort versetzen, an dem wir missionarisch eine Menge tun konnten. Wir freuten uns sehr auf diesen neuen Aufgabenbereich. Schon Monate vorher schmiedeten wir Arbeitspläne und hatten viele Ideen. Dann kam die entscheidende Woche; eine Konferenz, an der die neue Dienstzuweisung spruchreif werden sollte. Am zweiten Tag kam der Superintendent verlegen auf mich zu. Er erklärte mir, dass die geplante Dienstzuweisung nach B. leider nicht möglich sei. Der ältere Pastor, der seit vielen Jahren die Gemeinde betreute, sollte an einen Ort versetzt werden, an dem gerade ein neues Gemeindezentrum gebaut worden war. Aber die Verantwortlichen dieser Gemeinde wehrten sich. Sie wollten keinen Pastor, der schon fast im Pensionsalter war. »Wir haben nun dich für diesen Ort vorgesehen«, sagte er.

Wir, meine Frau und ich, waren enttäuscht. Aber immerhin gab es einen Trost: Wir konnten die Arbeit in einem neuen Gemeindezentrum beginnen. So fanden wir ein Ja zu dem vorgesehenen Weg.

Aber einen Tag später rief mich der Superintendent nochmals zu einem Gespräch. Er war sichtlich verlegen als er mir mitteilte, dass der Gemeindevorstand in Ö. auch mich nicht haben wolle. Begründung: Ich sei zu jung und zu unerfahren. Und sie hatten natürlich Recht.

Nach dieser Mitteilung hörte ich als Alternative den Namen eines Ortes, an den ich überhaupt nicht wollte. Einige Monate zuvor war dort ein regionales Jugendtreffen gewesen. Dabei sah ich das Gemeindezentrum zum ersten Mal. Es war nach meinem Begriff ungepflegt. Ein alter windschiefer Schaukasten stand am Eingang. Der Gottesdienstraum war geschmacklos. Und das ganze Gebäude unansehnlich. Alles in mir sagte – oder genauer gesagt schrie – »Nein!« Aber das Kabinett hatte es so beschlossen. Ich teilte die enttäuschende Nachricht meiner Frau am Telefon mit. Dann suchte ich einen einsamen Weg, um ungestört beten zu können. Ich wollte den Willen Gottes erkennen und tun. Im Gebet wurde ich immer wieder an den Satz aus der Bibel erinnert:

> *»Und saget allezeit Gott, dem Vater, Dank für alles, im Namen unseres Herrn Jesus Christus.«* (Epheser 5,20)

Ich versuchte es. Es war sehr schwer. Der Dank an Gott kam nur mühsam über die Lippen. Aber nach Tagen des Gebets erfüllte uns mehr und mehr die Freude und die Gewissheit, dass das unser Platz sei, an dem Gott uns segnen würde.

Doch auch diese Gemeinde war über den Pastorenwechsel nicht begeistert. Das hörten und erlebten wir bei unserem Einführungsgottesdienst. Mein Vorgänger war ein väterlicher Typ gewesen, der sich als »Mädchen für alles« eignete. Er predigte nicht nur, er putzte auch die Kirchenfenster, mauerte, schlachtete Hühner und war sehr beliebt. Ich war jung, voller Begeisterung und hatte nur ein Ziel: Ich wollte Menschen für Jesus gewinnen und die Gemeindeglieder zu einsatzfreudigen und hingebungsvollen Missionaren machen.

Der Einführungsgottesdienst war, ich habe das schon angedeutet, frustrierend. In der Kirche saßen ungefähr dreißig Leute. Eine etwas korpulente Dame im fortgeschrittenen Alter sagte, als wir in den Gottesdienstraum kamen, vernehmlich: »So einen Konfirmanden kriegen wir?« Wir spürten die Skepsis und den Widerstand.

Dann ging nach dem Eingangslied der Gemeindevertreter auf die Kanzel. Er schaute zuerst die Gemeinde und dann uns vielsagend an und begann seine Begrüßungsrede mit dem Satz: »Wir haben Sie nicht gewollt.« Peinlich! Aber noch peinlicher war, dass ich den unpassendsten Bibeltext für meine Antrittsrede gewählt hatte, den man sich nur denken kann – aber das entdeckte ich erst jetzt, als nichts mehr zu ändern war. Er lautete:

> *»Als Paulus die Brüder sah, dankte er Gott und gewann Zuversicht.«* (Apostelgeschichte 28,15)

Nach »Danken« war mir an diesem Morgen wirklich nicht zu Mute und mit »Zuversicht« war es auch nicht weit her.

Aber dann stürzten wir uns doch mit Freude und Elan in die Gemeindearbeit. Manches musste ich tun, was nicht geplant war. Ich leitete den Chor, den Frauenkreis, die Jungschar und die Jungenschaft. Ich erledigte die Buchführung und gestaltete den Schaukasten. Wir entrümpelten den Keller und den Speicher und pflegten den Garten. Natürlich hielt ich die Gottesdienste und Bibelstunden, schrieb den Gemeindebrief, und, und, und ... Dabei kam jedoch mehr und mehr das zu kurz, was jedem Dienst erst Kraft und Leben gibt – das Gebet. Selbstverständlich betete ich. Das gehörte zu meinem Dienstbereich: Ich betete auf der Kanzel. Ich betete an Krankenbetten. Ich betete bei Hausbesuchen. Ich betete in der Familie. Aber diese Gebete wurden mehr und mehr zur Pflichterfüllung. Sie waren kein Bedürfnis des Herzens mehr. Es waren Diensttelefonate mit dem Chef im Himmel. Ich erwartete seinen Segen für die Gemeindearbeit. Ich erwartete gute Gottesdienstbesuche. Ich erwartete, dass Menschen sich bekehrten. Kurz: Ich war zum Gemeindemanager geworden. Die Kirche war mit meinem Einsatz zufrieden. Der Gottesdienstbesuch stieg und die Kasse stimmte. Ich aber steckte, wie man das fachlich ausdrückt, in einer Beziehungskrise gegenüber Gott. Ich begegnete Gott nicht mehr im Gebet.

Damals schickte mir ein Kollege das Taschenbuch »Kraft durch Gebet«. Ich verschlang es. Es bewegte und erschütterte mich, denn es zeigte genau meine Situation und deckte schonungslos meine geistliche Armut auf. Aber zugleich weckte es in mir ein neues Verlangen nach Gemeinschaft mit Jesus Christus. Da las ich zum Beispiel: »Die Gemeinde des Herrn braucht heute nicht neue Organisationen, nicht noch mehr Methoden – sondern Menschen, vom Heiligen Geist gesalbt und mit seiner Kraft ausgerüstet – Menschen des Gebets, Menschen, die im Gebet kraftvoll sind. Der Heilige Geist fließt nicht durch Methoden, sondern durch Menschen. Er salbt keine Verwaltungsapparate, noch gibt er ihnen Kraft. Er heiligt keine Pläne, sondern Menschen des Gebets. Gebet ist die mächtigste Waffe des Predigers« (1).

Noch am gleichen Tag, es war der 22. April 1971, schrieb ich einen Brief an jenen Pastor, der mir ohne Kommentar dieses Buch geschickt hatte. Ich bedankte mich und fügte hinzu: »Mir ist deutlich geworden, dass im Gebet das Manko meines Lebens liegt. Vielleicht kann an dieser Stelle ein neuer Akzent gesetzt werden.«

Danach fasste ich einen mutigen Entschluss: Von jetzt an wollte ich jeden Morgen von fünf bis sechs ausschließlich Gott zur Verfügung stehen. Ich wollte mir wirklich Zeit nehmen zum Gebet. Aber, und das war eine ernüchternde Entdeckung, es klappte nicht. Ich kam zwar aus dem Bett, aber ich hatte Gott nichts zu sagen. Ich spürte keine Liebe, kein Verlangen aufs Gebet. Es war alles steril. Meine Gedanken gingen spazieren. Meine Stimme kam mir fremd vor. Ich schaute immer wieder auf die Uhr. Die Zeit schien stehen zu bleiben. Die Stunde zwischen fünf und sechs wurde zur Qual.

Niemals werde ich darum jenen frühen Morgen vergessen, an dem ich vor Gott zusammenbrach. Ich lag buchstäblich auf meinem Angesicht. Ich konnte die Tränen nicht mehr zurückhalten. Wie noch nie zuvor sah ich die ganze Oberflächlichkeit meines Christseins. Ich spürte die Kälte meines Herzens. Ich erkannte meine geistliche Armut. Und genau in dieser Stunde des Zerbruchs beschenkte mich Gott neu mit dem Heiligen Geist, mit dem »Geist des Gebets« (Sacharja 12,10). Eine so noch nie erlebte Kraft und Liebe durchfluteten mich. Worte der Anbetung strömten über meine Lippen. Ich war plötzlich in Gottes Gegenwart. Die Freude war unbeschreiblich. Das war es, was ich suchte. Ich hatte die Quelle aller Kraft entdeckt. Ich wusste: Jetzt würde ich anders predigen. Jetzt würde ich anders Menschen begegnen. Jetzt würde ich anders Problemen gegenübertreten. Jetzt würde ich anders glauben und handeln. Jetzt würde ich nie wieder vor Schwierigkeiten kapitulieren. Dieses Gebetserlebnis veränderte erneut mein Leben.

»Es gibt nichts, was mehr Veränderung schafft als das Gebet.«

Gott verändert

Warum ist das so? Warum erfahren wir gerade durch das Gebet so starke positive Veränderungen? Warum haben Gebete eine solche übernatürliche Wirkung? Antwort: Weil das Gebet, weil das von Wahrhaftigkeit, von Liebe und Vertrauen geprägte Gespräch mit Gott, in Gottes Gegenwart führt. Und Gott ist die Quelle der Veränderung. Behalten Sie das bitte bei allem, was in diesem Buch geschrieben wird im Auge. Nicht Ihr Gebet verändert Sie, sondern Gott, wenn Sie ihm im Gebet begegnen.

Bill Hybels schreibt: »Wenn Sie im Gebet wachsen, wird Gott Ihnen mehr von sich offenbaren und in Ihrem Geist mehr von seinem Leben umsetzen« (2). Dabei werden Sie spontane Gebetserhörungen erleben. Sie zeigen Ihnen die Größe und Herrlichkeit Gottes. Sie veranschaulichen Ihnen seine Allmacht, seine Liebe, seine Fürsorge. Aber bedenken Sie bitte: wesentliche, tief greifende und bleibende Veränderungen in Ihrem Innern, in Ihrem Charakter, in Ihrer Persönlichkeitsstruktur geschehen nicht durch spontane Gebetserfahrungen, sondern durch ein Leben, das vom Gebet geprägt ist. Der Apostel Paulus drückt das in einem seiner Briefe so aus:

»Wir alle aber spiegeln mit unverhülltem Angesicht die Herrlichkeit des Herrn wider, und wir werden verwandelt in sein Bild von einer Herrlichkeit zur andern von dem Herrn, der der Geist ist.«
(2. Korinther 3,18)

Veränderung, Verwandlung, Neuprägung – das sind die Kernaussagen dieses Satzes. Dabei nimmt der Apostel Bezug auf einen Bericht aus dem Alten Testament. Er erinnert an die Begegnung des Mose mit Gott auf dem Berg Sinai. Während Mose vor Gott stand, auf ihn hörte und mit ihm redete, vollzog sich an ihm eine geheimnisvolle Veränderung. Sein Gesicht strahlte in einem überirdischen Glanz. Die Bibel berichtet:

»Als nun Mose vom Berg Sinai herabstieg, hatte er die Tafeln des Gesetzes in seiner Hand und wusste nicht, dass die Haut seines Angesichts glänzte, weil er mit Gott geredet hatte.« (2. Mose 34,29)

» ... weil er mit Gott geredet hatte«, das war das Geheimnis des »glänzenden Angesichts«. Und das muss hier deutlich unterstrichen werden: Auf seinem Angesicht lag ein ungewöhnliches Strahlen, *» ... weil er mit Gott geredet hatte«*.

Das Reden mit Gott, das Gespräch mit dem Ewigen, nennen wir Gebet.

Sein wie Jesus

Der Apostel Paulus bringt dieses Ereignis in seinem zweiten Brief, den er an die Christen in Korinth schrieb, zur Sprache. Er wollte in diesem eindrucksvollen Bild des glänzenden Angesichts die übernatürliche Wirkung des Gebets zeigen. Dabei ging es ihm nicht um ein äußerliches Strahlen, wie es sich bei Mose zeigte, sondern um eine innere Ausstrahlung. Er wollte denen, die sich Jesus anvertraut hatten, sagen: Es gibt eine positive und wesenhafte Veränderung eurer Persönlichkeit. Ihr müsst nicht selbst an euch »herumbügeln«. Kommt in die Nähe Gottes. Öffnet euch ihm im Gebet. Das ist das Geheimnis der Ausstrahlungskraft. Das ist das Mysterium des ansteckenden Christseins. Das ist das Phänomen einer neuen Lebensprägung.

Haben Sie herausgefunden, was der Apostel Paulus unter Gebet versteht? Haben Sie entdeckt, wie er das Reden mit Gott hier erklärt? Er schreibt, dass Gebet ein Anschauen von Jesus ist, ein Betrachten der Herrlichkeit des Sohnes Gottes:

»Wir alle aber spiegeln mit unverhülltem Angesicht die Herrlichkeit des Herrn.«

Für mich war diese Deutung des Gebets eine überwältigende und neue Erkenntnis.

Sehen oder Ansehen

Unendlich viele Bilder sehen Sie im Laufe eines Tages. Sie sehen sie, aber nur die wenigsten beeindrucken Sie so, dass Sie sie ansehen. Es ist ein Unterschied zwischen Sehen und Ansehen.

- Sehen ist ein flüchtiger Blick.
  Ansehen ist ein Betrachten.
- Sehen ist die Sache einer Sekunde.
  Ansehen erfordert Zeit.
- Sehen ist ein alltägliches Erfordernis.
  Ansehen zeigt Interesse und Faszination.

Ich gebe Ihnen ein Beispiel: Sie gehen eine Straße entlang und sehen Menschen, aber sehen Sie sie wirklich? Natürlich nicht. Sie müssten ja sonst vor jedem stehen bleiben und ihn betrachten. Und stehen bleiben und betrachten werden Sie nur dann, wenn Sie etwas an diesem Menschen besonders faszinierend finden. Es müsste etwas Außergewöhnliches sein. Sie sehen die meisten Menschen gerade so, dass Sie nicht mit Ihnen zusammenstoßen. Wenn Sie wenige Minuten später gefragt werden würden, wem Sie da gerade begegnet sind, welche Haarfarbe dieser Mensch hatte, ob er Turnschuhe oder Straßenschuhe trug, dann wüssten Sie es nicht. Sie haben diesen Menschen nur im Vorübergehen gesehen – nicht mehr.

Aber denken Sie an ein Liebespaar. Wie sie sich anschauen, wie sie sich bewundern, wie sie sich betrachten. So prägt sich das Bild des Partners tief in das Herz ein. Und dieses besondere, von Liebe und

Faszination geprägte Ansehen ist gemeint, wenn der Apostel Paulus schreibt:

»Nun aber schauen wir alle mit aufgedecktem Angesicht die Herrlichkeit des Herrn.«

»Nun aber schauen wir …« – das ist echtes Gebet. Schauen im Geist. Stehen vor Jesus. Und dieses von Liebe und Faszination geprägte »vor Jesus Christus sein« bewirkt die gewaltigste Veränderung, die ein Mensch erleben kann. Dabei ereignet sich ein Prozess im Kern der Persönlichkeit, ein Verwandlungsprozess, ein authentischer Prozess. Da wird keine religiöse Schminke aufgetragen, kein frommes Puder benutzt, kein orthodoxes Make-up verwendet. Die Bibel sagt nicht, dass der Beter aktiv wird und sich selbst verändert, sondern sie sagt, dass der Beter »verändert wird«. Der hier im Grundtext der Bibel gebrauchte Begriff ist »methamorphoo«. Im Gebet ereignet sich eine Metamorphose, eine wesenhafte Verwandlung. Das ist Gottes Tiefenrevolution.

Der russische Dichter Bertjajew sagte einmal: »Alle Revolutionen, die wir Menschen machen, sind nur Umkleidungen, bei denen das alte Böse in neuem Gewand erscheint.«

Wenn Sie Gott im Gebet begegnen und dann auch mit Gott leben, werden Sie nicht religiös umgekleidet, sondern von Innen her verändert. Sie werden eine »neue Schöpfung«, so bezeichnet es die Bibel im 2. Korintherbrief 5,17. Dabei hat Gott ein klar umrissenes Ziel. Es heißt: *»Verwandelt in das Bild des Sohnes Gottes.«*

Bleiben Sie einen Augenblick bei diesem Zielgedanken Gottes stehen. Er besagt im Klartext, dass Sie so wie Jesus werden sollen. Jesu Leben und

Jesu Charakter sind das Modell Gottes für Sie. Bei Ihrer Lebensumgestaltung werden also keine Entwürfe gemacht, da geht es nicht um Innovationen. Gott experimentiert da nicht herum. Das Ziel steht fest: Sein wie Jesus! Das begeistert mich, das motiviert mich zum Gebet, das ist mehr als »Spitze«. Jesu Liebe, Jesu Hingabe an Gott und die Menschen, Jesu Gehorsam dem Vater gegenüber, Jesu Demut, Jesu Klarheit, Jesu heilige Leidenschaft, Jesu Vollmacht, Jesu Reinheit – das alles will Gott in Ihnen reifen lassen. Dabei sollten Sie sich natürlich bewusst machen, dass das nicht auf die Schnelle geht. Dieser innere Veränderungsprozess funktioniert nicht wie bei einem Mikrowellen-Herd. Das geht nicht von jetzt auf gleich. Sie erwarten doch auch nicht, dass aus einer Apfelblüte in wenigen Minuten ein Apfel wird. Geistliche Prozesse sind Reifeprozesse. Sie werden in einer Sekunde von neuem geboren. Wachstum aber ist eine Sache des ganzen Lebens. Es ereignet sich, wie die Bibel es beschreibt, *»von einer Herrlichkeit zur andern«*.

»von ... zu ...« sind Begriffe, die einen Prozess, einen Ablauf beschreiben. Dabei kann es durchaus beeindruckende Momenterfahrungen geben, wie ich das auf den ersten Seiten aus meinem Leben geschildert habe. Aber alle Momenterfahrungen werden, wenn der Mensch sich damit zufrieden gibt, keine bleibende Wirkung haben. Einmal-Erfahrungen können nie die permanente Begegnung mit Gott ersetzen.

Sonne, kein Make-up

Vor einiger Zeit, es war an einem Februartag, begrüßte ich einen mir bekannten jungen Mann. Es war kurz vor einem Gottesdienst. Wir hatten uns einige Monate nicht gesehen.

»Gut siehst du aus«, sagte ich und deutete auf sein von der Sonne gebräuntes Gesicht.

»Das ist beruflich bedingt«, erklärte er. »Landschaftsgärtner. Da ist Bräune normal«, fügte er hinzu.

Wer viel in der Sonne ist, wird braun – und das ohne jede Anstrengung. Es geschieht sozusagen automatisch, ganz nebenbei. Andere erzielen durch Sonnenbaden dieses Ergebnis. Dabei würde jedoch keiner auf den Gedanken kommen, schon nach wenigen Minuten in den Spiegel zu schauen. Die Wirkung dieser Minuten wäre gleich Null. Wer auf die Schnelle etwas erreichen will, der muss Make-up nehmen, der muss Farbe und Puder auftragen. Nur, das ist unecht, kostspielig und es ist kurzlebig. Und dann noch ein Negativum: beim genauen Hinsehen bemerkt man den »Betrug«. Religion ist wie Make-up. Gott begegnen im Gebet ist wie ein Sonnenbad.

Sie können mit einem Vaterunser »warm« werden, aber Sie können in diesen Sekunden nicht erwarten, dass Sie »braun« werden. Nur das Sein in Gottes Nähe prägt. Beachten Sie bitte Folgendes: Mose war vierzig Tage in der Gegenwart Gottes.

- Das war nicht ein »Sei-fünf-Minuten-still-Gespräch«, das Mose mit Gott führte.
- Das war kein flüchtiges Aufsagen eines »Vaterunser«.
- Das war kein eiliger »Notruf« in auswegloser Situation.

Ich finde Stoßgebete nicht verwerflich. Sie haben ihre Berechtigung. Ich sage nicht, dass das Beten eines Vaterunsers sinnlos ist.

- Mit solchen »Blitzgesprächen« können wir Gottes Herz erreichen, aber mit ihnen erreichen wir nicht Gottes Angesicht.
- Stoßgebete können einen Kontakt mit Gott herstellen, aber sie können keine Gemeinschaft mit Gott bewirken.
- Gebetsrufe können Gebetserhörungen vermitteln, aber sie können keine bleibende Veränderung schaffen.

Was wir brauchen, mehr brauchen als alles andere, ist ein intensives »Gebetsleben«, so nannten es die Väter des Glaubens vor Jahrzehnten. Dabei denke ich an einige Sätze der Bibel:

Der Evangelist Lukas moderiert ein Gebetsgleichnis, das Jesus erzählte, mit den Worten:

> *»Mit einem Gleichnis zeigte Jesus seinen Jüngern, dass sie immer beten und darin nicht nachlassen sollten.«* (Lukas 18,1)

Von den ersten Christen in Jerusalem wird gesagt:

> *»Sie blieben aber beständig im Gebet.«* (Apostelgeschichte 2,42)

Und der Apostel Paulus motiviert die Christen zum Gebet mit den Worten:

> *»Seid beharrlich im Gebet«* (Kolosser 4,2),
> *»Betet allezeit mit Bitten und Flehen im Geist«* (Epheser 6,18), oder:
> *»Haltet an am Gebet«* (Römer 12,12).

Es geht also nicht zuerst um eine bestimmte Gebetszeit, die man im Tagesterminkalender abhaken kann. Obwohl – und das möchte ich betont sagen – eine festgelegte Zeit, in der man ein Rendezvous mit Gott hat und dann auch ein Dienstgespräch mit Gott führt, nach meiner Erfahrung unbedingt erforderlich ist. Aber darüber hinaus geht es um den ständigen Umgang mit Gott, um die Verbindung des Herzens mit Jesus Christus, die den Tag über gepflegt werden muss.

Entscheidende Fragen

Entscheidende Fragen

Gott begegnen – das sollte Sehnsucht und Ziel Ihrer Gebete sein. Wie aber ist das möglich? Wie wird Ihr Reden mit Gott zu einer echten Audienz? Wie können Sie Gebet als vertrauliches Gespräch erleben? – Kein Zwang mehr. Keine religiöse Pflichterfüllung. Keine leeren Worthülsen. Keine liturgische Darbietung.

Haben Sie sich auch schon diese Fragen gestellt? Wie kann mein Reden mit Gott realer werden? Wie kann mein Gebet lebensnahe, echt, von

Herzen kommend und wirkungsvoll werden?

Wie kann mein Gespräch mit Jesus Christus zum Gemeinschaftserlebnis mit ihm werden?

Hören Sie dazu die Antwort der Bibel. Sie spricht von fünf inneren Schritten, die in die Gegenwart Gottes führen. Sie nennt fünf innere Voraussetzungen, durch die Sie Gottes Herrlichkeit erleben können. Sie zeigt fünf Bedingungen, die die Ewigkeit in die Zeit holen und die Zeit mit der Ewigkeit verbinden. Diese fünf Schritte lauten:

> *»So lasst uns hinzutreten mit wahrhaftigem Herzen, in vollkommenem Glauben, besprengt in unseren Herzen und los von dem bösen Gewissen und gewaschen am Leibe mit reinem Wasser.«*
> (Hebräer 10,22)

Der erste Schritt: *»mit wahrhaftigem Herzen«*
Der zweite Schritt: *» in vollkommenem Glauben«*
Der dritte Schritt: *»besprengt in unseren Herzen«*
Der vierte Schritt: *»los von dem bösen Gewissen«*
Der fünfte Schritt: *»gewaschen am Leibe mit reinem Wasser«*

Immer wieder habe ich in meiner persönlichen »Stillen Zeit« diese Schritte im Gebet praktiziert und dabei oft in überwältigender Weise Gottes Gegenwart erlebt. In diesem Buch will ich die Schritte für Sie nachzeichnen. Zuvor aber möchte ich noch einige Vorbemerkungen zu diesem Gebetstext der Bibel machen.

In Bewegung sein

In Bewegung sein

Was zuerst auffällt, ist die Startaussage: *»So lasst uns hinzutreten ...«*. *»... hinzutreten«* ist eine auf ein Ziel hin ausgerichtete Bewegung. Im Gebet bin ich in Bewegung. Ich laufe, bildhaft gesprochen, zu Gott hin. Ich gehe auf Gott zu. Ich mache Schritte. In der Bibel lesen wir dazu die Verheißung:

> *»Naht euch zu Gott, so naht er sich zu euch.«* (Jakobus 4,8)

- Gebet ist also keine statische Angelegenheit, sondern ein dynamisches Ereignis.
- Gebet ist keine Drehbewegung um mich selbst, sondern ein geistliches Unterwegssein auf ein Ziel hin.
- Gebet ist kein autogenes Aufputschen meiner Seele, sondern eine Begegnung mit Gott.
- Gebet ist kein verzweifeltes Herumirren im religiösen Nebel, sondern ein zielorientiertes Geschehen.

Sie knien, Sie sitzen, Sie stehen, Sie laufen oder Sie liegen, während Sie beten, das jedoch sind nur die äußeren Haltungen. Wichtig ist, dass Sie sich bei jeder Gebetshaltung, die Sie praktizieren, bewusst machen: ich bin jetzt unterwegs. Dabei muss Ihnen klar sein, dass Sie nicht unterwegs sind zu einem unerreichbaren Gott, der sich irgendwo, viele Lichtjahre entfernt, verborgen hält, sondern dass Sie unterwegs sind zu dem Gott, der Sie »von allen Seiten umgibt« (Psalm 139,5). Verabschieden Sie sich also von der Vorstellung, als sei Gott einige Kilometer oder gar Lichtjahre von Ihnen entfernt und Sie müssten diese Distanz erst im Gebet überbrücken.

> *»Fürwahr, er ist nicht ferne. Denn in ihm leben, weben und sind wir.«* (Apostelgeschichte 17,27.28),

lesen Sie in der Bibel. Und bewegt und begeistert prägt Mose diese Tatsache dem Volk Gottes unauslöschlich ein, indem er sagt:

> *»Wo ist so ein herrliches Volk, dem ein Gott so nahe ist wie uns der HERR, unser Gott, so oft wir ihn anrufen.«* (5. Mose 4,7)

Es gibt keinen Raum, den Gott nicht füllt. Er umgibt Sie, wie Sie die Luft umgibt.

»Moment«, werden Sie jetzt vielleicht sagen, »ist das dann nicht ein Widerspruch, wenn die Bibel auffordert *»Naht euch zu Gott«* und *»Lasst uns hinzutreten«* und auf der anderen Seite davon spricht, dass Gott allgegenwärtig ist? Wenn Gott da ist, dann erübrigt es sich doch, sich ihm zu nahen? Oder?«

Bedenken Sie bitte Folgendes: Es gibt eine äußere und es gibt eine innere Distanz. Wenn die Bibel Sie auffordert, sich Gott zu nahen, dann soll dadurch die innere Distanz überwunden werden. Diese innere Distanz ist unser Problem, nicht Gottes Problem. Der Mensch entfernt sich innerlich immer wieder von Gott, nicht Gott vom Menschen. Gott liebt den Menschen, jeden Menschen, und seine Liebe ist beständig und stabil. Aber, und ich sage das hier persönlich, meine Liebe zu Gott ist weder beständig noch stabil. Ich habe zwar auf der ersten Seite meiner Bibel den Satz geschrieben: »Ich will keinen Gedanken denken, kein Wort sprechen und keine Tat tun, die eines Nachfolgers Jesu Christi unwürdig sind«, aber es ist ein Wunsch, eine Sehnsucht. Die Realität sieht anders aus. Ich versage immer wieder und so entsteht auch immer wieder eine Distanz zu Gott. Und diese innere Ferne soll und kann im Gebet überwunden werden.

Noch einmal: Geben Sie sich nicht mit einem »Ferngespräch« zufrieden. Seien Sie im Gebet in Bewegung, in einer geistlichen Bewegung, die Sie in die Arme des himmlischen Vaters führt.

Eine Gebetsvision

Eine Gebetsvision

Und dann ist noch ein weiterer Einstiegsgedanke wichtig. Wenn die Bibel sagt: *»... lasst uns hinzutreten ...«*, dann wird damit zum Ausdruck gebracht, dass der Beter ein Ziel vor Augen hat. Die Frage ist: Was ist das Ziel des Gebets? Das wurde zwar schon angesprochen, soll aber hier noch einmal besonders hervorgehoben werden. Das Ziel ist Begegnung mit Gott und ist Gemeinschaft mit Gott. Sie gehen im Gebet auf den Vater zu. Sie gehen im Gebet auf Jesus Christus zu. Sie treten im Gebet in Gottes Gegenwart. Ihm begegnen Sie jetzt durch den Heiligen Geist. Der Heilige Geist stellt im Gebet die Verbindung zum Vater und zum Sohn her.

Der Apostel Johannes hat das in einem visionären Erlebnis geradezu »handgreiflich« erfahren, was jeder Beter geistlich erleben kann. Er berichtet davon im letzten Buch der Bibel, in der Offenbarung:

> *»Danach sah ich, und siehe, eine Tür war aufgetan im Himmel, und die erste Stimme, die ich mit mir hatte reden hören, die sprach: Steig herauf, ich will dir zeigen, was nach diesem geschehen soll. Alsbald wurde ich vom Geist ergriffen. Und siehe, ein Thron stand im Himmel, und auf dem Thron saß einer.«*
> (Offenbarung 4,1.2)

Die offene Tür

Diese »Tür im Himmel« ist für alle, die zu Jesus gehören, offen. Sie wurde geöffnet, als der Sohn Gottes am Kreuz für die Sünden der Menschen starb und in diesem Ereignis alle Menschen mit Gott versöhnte. Damals wurde jene durch den Sündenfall verschlossene Tür, gestatten Sie mir den Vergleich, aus den Angeln gehoben. Die Bibel berichtet, dass in dem Augenblick, als Jesus starb, der Vorhang im Tempel in Jerusalem zerriss. Jener dicht geknüpfte, ungefähr ein Zentimeter dicke Vorhang, trennte damals das Allerheiligste vom Heiligtum und war ein Symbol für diese *»Tür im Himmel«*. Machen Sie sich bitte bewusst, dass dieses Allerheiligste ein Raum war, der nur einmal im Jahr betreten werden durfte und der nur vom Hohenpriester und nur mit Opferblut betreten werden durfte. Kein anderer bekam ihn jemals zu Gesicht. Plötzlich aber zerriss dieser trennende Vorhang von oben bis unten und dieser heilige Bereich, das Abbild der Gegenwart Gottes, stand offen. Jeder Priester konnte jetzt hineinsehen und hineingehen. Das war ein außergewöhnliches, ein nicht erklärbares Ereignis. Das offen stehende Allerheiligste war ein Skandal, eine für jeden Juden unfassbare Entweihung des Tempels. Gott aber wollte durch diesen zerrissenen Vorhang und durch dieses geöffnete Allerheiligste zeigen, dass jeder Nachfolger Jesu jetzt, weil Gottes Sohn die Sünden der Menschen auf sich genommen hatte, ungehindert zu ihm kommen durfte. Wir müssen also nicht erst durch intensives Gebet die Tür zu Gott aufstoßen, sondern Gott hat sie durch seinen Sohn aufgelöst. Sie existiert nicht mehr. In einem Lied heißt es:

Der Himmel steht offen, Herz, weißt du warum?
Weil Jesus gekämpft und geblutet, darum!

Liebe entscheidet

Liebe entscheidet

Und dann ist da die Stimme, die den Apostel rief: *»Steig herauf!«* Für uns heute ist das der dringliche Ruf Jesu zum Gebet:

> *»Jesus sagte ihnen aber ein Gleichnis darüber, dass sie allezeit beten und nicht nachlassen sollten.«* (Lukas 18,1)

Es ist der Ruf zum Gespräch mit Gott. Es ist der Ruf zur Gemeinschaft mit dem Sohn Gottes. Kommunikation – Verständigung und Kommunion – Gemeinschaft sind die Stichworte. Denn das ist die ursprüngliche Berufung des Christseins und das ist auch die Sehnsucht Gottes. Die Bibel sagt:

> *»Gott ist treu, durch den ihr berufen seid zur Gemeinschaft seines Sohnes Jesus Christus, unseres Herrn.«* (1. Korinther 1,9)

Jesus Christus will nicht in erster Linie brauchbares Bodenpersonal, sondern Menschen, die sich nach Gemeinschaft mit ihm sehnen.

- Nicht christliche Aktionen sollen im Mittelpunkt unseres Lebens stehen, sondern Jesus.
- Nicht Engagement in der Kirche hat Vorrang, sondern Jesus.
- Nicht Mitmenschlichkeit und sozialer Einsatz dürfen die erste Stelle einnehmen, sondern Jesus.
- Nicht Mission und Evangelisation haben primäre Bedeutung, sondern Jesus.

Ich wische damit diese Dienste nicht als überflüssig und unwichtig vom Tisch. Sie sind wichtig, sie sind Beauftragungen von Gott. Aber sie dürfen nicht das Wichtigste verdrängen: die Gemeinschaft mit Jesus Christus und den persönlichen Umgang mit dem Vater. Gott will zuerst unser Herz, nicht unseren Einsatz. Gott will zuerst unsere Liebe, nicht unser Engagement für Kirche und Welt. Hier muss der Christ zwischen primär und sekundär klar und kompromisslos unterscheiden und entscheiden.

»Ich kenne euch nicht«

»Ich kenne euch nicht«

Wie wichtig das ist, spricht Jesus selbst am Ende der berühmt gewordenen Bergpredigt an. Er zeichnet dort eine erschütternde Szene aus dem Endzeitgeschehen. Die Prozesse laufen. Es geht um Ewigkeit. Vor Jesus Christus stehen viele religiöse Aktivisten. Sie sind zutiefst davon überzeugt, dass sie willkommen sind, hatten sie sich doch in ihrem irdischen Leben voll für Gott eingesetzt. Sie hatten gepredigt. Sie hatten Dämonen ausgetrieben. Sie hatten Wunder getan. Sie waren zweifellos eine religiöse Elite. Hochrangige Leute der Kirche. Powerprediger. Sie standen mit Erfolg im Befreiungsdienst. Jetzt aber wird ihr Leben beurteilt, nicht nur ihr Einsatz. Und dabei kommt die ganze Oberflächlichkeit ans Licht: Christlicher Aktivismus. Vom frommen Ich gesteuerter Dienst. So treten sie auch in dieser »Stunde des Gerichts« auf:

> *»Haben wir nicht in deinem Namen gepredigt? Haben wir nicht in deinem Namen Dämonen ausgetrieben? Haben wir nicht in deinem Namen Wunder getan?«* (Matthäus 7,22)

Dieses dreifache »*wir*« klingt geradezu herausfordernd. Es ist, als wollten sie sagen: »Herr, wir sind die Leute, die das Reich Gottes gebaut haben. Wir sind die Leute, auf die du stolz sein könntest. Wir haben uns das Recht auf den Himmel hart erarbeitet. Nach dieser »Leistungsschau« ergreift Jesus das Wort, der, dessen Namen sie so oft ausgesprochen haben. Aber über seine Lippen kommt genau das Gegenteil von dem, was sie erwartet hatten:

> *»Weicht von mir, ihr Übeltäter. Ich habe euch nie gekannt.«* (Matthäus 7,23)

Diese Gerichtsworte sind unheimlich und sie klingen beinahe unglaublich. Sie fordern zu Fragen heraus: Was geht hier vor? Warum weist Jesus diese Leute von sich? Warum geht er mit ihnen so um?

Das dunkle Geheimnis dieses Gerichtshandels wird in der Aussage *»nie gekannt«* enthüllt. Dabei muss der Begriff *»gekannt«* aus dem Grundtext der Bibel erklärt werden. Der griechische Text, in dem das Neue Testament geschrieben wurde, spricht in diesem Bericht nicht von »kennen« als einer intellektuellen Information, sondern er spricht von einer existenziellen Beziehung, von Hingabe und Liebe. *»Erkennen«* ist die inhaltlich genaue Bezeichnung.

Sie wissen, dass »erkennen« in der Bibel eine tiefe Liebesverbindung zum Inhalt hat. Es ist der Akt der innigsten Gemeinschaft zwischen Mann und Frau in der Ehe. In der biblisch-geistlichen Übertragung spricht dieser Begriff von der Gemeinschaft zwischen Jesus Christus und seinen Nachfolgern. Die zentralen, diese Gemeinschaft prägenden Worte heißen Liebe, heißen Hingabe und Vertrauen, heißen Sehnsucht und Zusammensein. Aber genau das war das Manko dieser Männer und Frauen. Hier war in ihrem Leben Fehlanzeige. Sie waren so für Jesus Christus im Einsatz, dass sie keine Zeit und auch kein Bedürfnis hatten, mit Jesus Christus Gemeinschaft zu haben. Der Dienst stand im Mittelpunkt, nicht der Herr. Ihre Hingabe galt dem Auftrag, nicht dem Auftraggeber. Sie waren in ihre Arbeit verliebt und nicht in Jesus Christus.

Watchman Nee, der bekannte chinesische Theologe und Autor, schrieb in einem seiner Bücher: »Jesus will kein Dienstmädchen, sondern eine Braut.« Vielleicht charakterisiert dieser Vergleich am besten, um was es auch in diesem Gerichtsereignis geht. »Dienstmädchen« standen vor Jesus und sie haben auf ihren Dienst hingewiesen. Aber Jesus macht ihnen klar, dass sie am Wichtigsten vorbeigelebt haben, an der Liebe zu ihm. Darum sagt er zu ihnen: »Weicht von mir, ich konnte keine Gemeinschaft mit euch haben. Ihr habt meiner Liebe in euch keinen Raum gegeben. Ihr wart so verliebt in euren Dienst, dass ihr keine Zeit für mich hattet. Ihr wart so gefangen in euren Aktivitäten, dass ihr keinen Freiraum mehr für das Zusammensein mit mir hattet. Ich habe euer Herz gewollt, aber ihr habt mir nur euren Terminkalender gegeben.«

»Hast du mich lieb?«

»Hast du mich lieb?«

Wie entscheidend diese Liebe ist, wie entscheidend diese Beziehung des Herzens ist, zeigt das Seelsorgegespräch, das Jesus nach seiner Auferstehung mit Petrus am See Tiberias führte. An jenem frühen Morgen, nach einem erfolglosen Fischfang, fragt Jesus seinen Schüler Petrus:

»Hast du mich lieb?«

Und als Petrus antwortet:

»Herr, du weißt, dass ich dich lieb habe«,

beauftragt er Petrus mit den Worten:

»Weide meine Schafe« (Johannes 21,16).

Damit zeigt Jesus Christus, dass die Liebe zu ihm das Erste und Vorrangige sein muss. Erst danach kommt der Auftrag und erst jetzt ist der Christ in der Lage, Gottes Aufträge auch Jesus gemäß auszuführen.

Der Apostel Paulus ist ein Vorbild dieser persönlichen Leidenschaft für Jesus, dieser Sehnsucht nach Gemeinschaft, dieser Hingabebereitschaft des Herzens. Dabei wissen wir, dass er nicht untätig herumsaß und sich in mystische Versenkung zurückzog. Er konnte schreiben:

»Ich habe viel mehr gearbeitet als sie alle.«
(1. Korinther 15,10)

Hören Sie aber auch, was die eigentliche Faszination seines Lebens war, was sein Denken, Wollen und Fühlen bestimmte, was seinen »Terminkalender« beeinflusste und was mehr als alles andere seine Entscheidungen prägte:

Erstens:

»... damit ich Christus gewinne« (Philipper 3,8).

Zweitens:

> *»... und in ihm gefunden werde«* (Philipper 3,9).

Drittens:

> *»Ihn möchte ich erkennen ...«* (Philipper 3,10).

Das sind bildhafte und eindrucksvolle Begriffe, die seine Liebe zu Jesus Christus beschreiben.
Da ist erstens von *»gewinnen«* die Rede. Dabei denken wir an einen Menschen, der liebt und der nun alles einsetzt, um den Geliebten zu gewinnen. Er interessiert sich für ihn. Er sucht die Begegnung mit ihm. Er möchte ihm gefallen. Er liest Wünsche von seinen Augen ab. Er stellt sich auf ihn ein.

Dann lesen Sie zweitens: *»... in ihm gefunden.«* Es gab in meinem Christsein auch Tage, da stellte ich erschrocken fest, dass ich nur in ***mir*** war. Diese Tage waren nicht geprägt von Gemeinschaft mit Jesus. Kein Blick nach oben. Kein Dank an Gott. Kein inneres frohes Wissen, dass er mich umgibt, dass er mich liebt, dass er mich hält und führt. Ich war nicht in Jesus.

Jesus Christus sagte einmal zu seinen Jüngern:

> *»Bleibt in mir«* (Johannes 15,4).

Wenn Sie jetzt jemand sprechen möchte, wo würde er Sie finden, wo würde er Sie antreffen? Vielleicht in Ihrem Wohnzimmer, oder an einem Büchertisch, an dem Sie gerade diese Zeilen lesen, oder ... Sie sind jedenfalls immer irgendwo. Das ist Ihr äußerliches, Ihr körperliches Sein. Aber es gibt auch ein inneres Sein. Und das meint der Apostel Paulus, wenn er davon spricht, dass er in Jesus gefunden werden will. Dieser Begriff charakterisiert die Dimension der Gemeinschaft. Er beschreibt die intensive Verbindung. *»In Jesus gefunden«*, das heißt: keine Gedanken zulassen, keine Gefühle nähren, kein Wollen bejahen, das von Jesus trennt.

Und drittens finden wir in dieser Aufzählung den schon erklärten Begriff *»erkennen«*. Er definiert das Geheimnis der Liebe und der Hingabe. Er beinhaltet eine von pulsierendem Leben geprägte Beziehung zu Jesus Christus. Machen Sie das zu einem zentralen Gebetsanliegen: »Herr, ich möchte dich erkennen, und ich bitte dich, dass du auch mich erkennst.«

Das sollten die Ziele auch Ihres Lebens und Ihres Betens sein:

- Jesus »gewinnen«.
- In Jesus »gefunden« werden.
- Jesus »erkennen«.

Ergriffen beten

Alsbald wurde ich vom Geist ergriffen«, berichtet der Jünger Johannes. Dieser Geist, der damals Johannes »ergriff«, will auch uns heute ergreifen und in Gottes Gegenwart führen. Echtes Gebet ist ohne Gottes Geist nicht möglich.

Im großen Kapitel des Heiligen Geistes, im Römerbrief, Kapitel 8, schreibt Paulus:

> *»Desgleichen hilft auch der Geist unserer Schwachheit auf. Denn wir wissen nicht, was wir beten sollen, wie sich's gebührt; sondern der Geist selbst vertritt uns mit unaussprechlichem Seufzen.«*
> (Römer 8,26)

Paulus fasst in diesem Satz zusammen, was jeder Beter erleben wird. Gerade beim Beten, gerade dann, wenn Ihr Herz Sie zum Gespräch mit Gott drängt, wenn Sie innerlich bewegt sind, entdecken Sie Ihre ganze Unfähigkeit mit Gott zu reden. Dann fehlen Ihnen die Worte, oder alle Worte, die Sie formulieren, können das nicht zum Ausdruck bringen, was Sie empfinden. Und Sie fühlen auch, dass Sie unwürdig sind, mit dem Gott, der Heiligkeit und vollkommene Liebe ist, zu sprechen. Aber gerade dann dürfen Sie erfahren, wie Gottes Geist Sie vertritt, wie er Sie in die Gegenwart Gottes führt und Ihr Herz mit Freude erfüllt. Gottes Geist will Sie so ergreifen, dass Sie »ergriffen« beten können.

- Wenn Gottes Geist Sie ergreift, ist Beten keine farblose und realitätsferne Angelegenheit mehr.
- Wenn Gottes Geist Sie ergreift, ist Beten keine religiöse und mühsame Pflichterfüllung mehr.
- Wenn Gottes Geist Sie ergreift, wird Beten zu einem Abenteuer, zu einem erfüllenden Zusammensein mit Gott.

Und genau das führt in eine Haltung der Anbetung und des Staunens. Sie stehen vor Gott, der der *»Va-*

ter des Lichts« (Jakobus 1,17) ist. In diesem wärmenden, heilenden und alle Dunkelheit vertreibenden Licht dürfen Sie im Gebet sein.

Gott ist der Gott der Liebe (Johannes 3,16). Dieser Liebe dürfen Sie begegnen. Eine Liebe, die alle Minderwertigkeitskomplexe wegnimmt, die Geborgenheit schenkt und Ihnen göttliche Lebensqualität vermittelt.

Und nun möchte ich auf den folgenden Seiten diese fünf Schritte, die in Gottes Gegenwart führen, mit Ihnen gehen. Und bitte registrieren Sie das genau: Ich gebe keine Gebetsanleitung. Ich teile Ihnen keine Tipps mit. Ich formuliere keine Gebete zum Nachsprechen. Ich schreibe keinen Fahrplan für die »Stille Zeit«. Es geht um innere Werte, die Ihr Gebet, Ihr Stehen vor dem Vater prägen sollen. Es ist zwar von Schritten die Rede, aber es sollen geistliche Schritte sein, Schritte des Herzens.

Erster Gebetsschritt:

Wahrhaftigkeit

Authentisch sein vor Gott

Als ich damals 1971 kurz nach 5 Uhr in unserem Gottesdienstsaal auf dem Boden lag und weinte, verzweifelt über meine geistliche Armut als Pastor, erschüttert über meine Unfähigkeit, Jesus zu lieben und mit ihm Gemeinschaft zu haben, war ich durch und durch wahrhaftig geworden. Da öffnete ich eine Tiefe in meinem Innern, die ich sonst sorgsam verschlossen hielt und die ich selbst nicht erkennen wollte. Jetzt aber, als ich jede Isolation ablegte, als ich unter Tränen zugab, wer ich wirklich war, jetzt beschenkte mich Gott mit seiner Nähe, legte seinen Arm um mich und füllte mich mit Liebe – füllte mich mit sich selbst.

Den ersten Gebetsschritt formuliert der Heilige Geist so:

> *»Lasst uns hinzutreten mit wahrhaftigen Herzen.«* (Hebräer 10,22)

Offenheit, Wahrheit, Lauterkeit, Echtheit, das sind die Eigenschaften, die Gott von uns erwartet, wenn wir betend zu ihm kommen.

Hand aufs Herz: Wollen Sie wirklich, wenn Sie beten, Gott begegnen? Ist es Ihr tiefstes Verlangen, Gott ganz nahe zu kommen? Ist das Ihre Sehnsucht, in seiner Nähe zu sein? Oder sehen Sie Gebet mehr als ein Telefonat? Da ist einer am anderen Ende der Leitung, dem ich jetzt meine Wünsche und Nöte sagen kann. Gott ist weit weg, aber er hört mich. Sind Sie damit zufrieden, dass er Sie hört, oder wollen Sie ihn »sehen«, ihn »berühren«, vor ihm sein?

Ja, es stimmt, die Bibel spricht davon, dass wir im Gebet unser Herz vor Gott ausschütten dürfen:

> *»Schüttet euer Herz vor Gott aus;*
> *er ist unsre Zuversicht.«* (Psalm 62,9)

Dabei aber sollten Sie nicht nur und nicht zuerst den Akzent auf *»ausschütten«* legen, sondern zunächst das *»vor Gott«* im Auge haben. *»Vor Gott«*, das heißt ganz in seiner Nähe, sozusagen direkt vor seinen »Füßen«, also in seiner Gegenwart. Und das bedeutet doch, dass Sie zuerst ganz nahe an Gott herantreten. Beginnen Sie also Ihr Gebet nicht mit Ihren Anliegen, sondern mit Gemeinschaft, mit Dank und Anbetung. Dann aber darf alles gesagt werden, alles, was bewegt, was umtreibt, was Sorge oder Freude bereitet. Dabei dürfen Sie total offen sein. Sie dürfen wirklich »ausschütten«, was in Ihnen ist. Machen Sie also nicht auf »fromm«, machen Sie auf »wahrhaftig«. Ich vergleiche das mit jemandem, der nach einem Einkauf im Supermarkt seine Einkaufstasche entleert, oder noch deutlicher, sie einfach umkippt. Alles gelangt dabei auf den

Tisch. Vom Kassenzettel über die Lebensmittel bis zu den Krümeln. Genau so dürfen Sie Ihr Herz »ausschütten«. Nun liegt alles ausgebreitet vor Gott: Wertvolles und Wertloses, Bewegendes und Bedrückendes. Da wird kein Theater gespielt. Da ist alles echt. Und so will Gott Sie haben, wenn Sie mit ihm reden. Gebet darf keine fromme Show sein.

Wunderbar gebetet?

Wunderbar gebetet?

Nach einem Gebetstreffen sagt eine Frau zu einer anderen: »Sie haben heute wunderbar gebetet.« »O«, antwortet die so Angesprochene, »das war noch gar nichts. Ich kann noch viel wunderbarer beten.«

Das ist doch klar, wer so reagiert, hat überhaupt nicht begriffen, was Gebet ist. Sein Gebet war »Theater«. Wunderbare Gebete sind oft Showgebete.

Wenn wir dem begegnen wollen, der die Wahrheit ist, Jesus Christus, und wenn wir seine Stimme hören wollen, dann müssen wir durch und durch wahrhaftig sein. Hören Sie bitte, was Jesus Christus sagte, als er im Prozess vor Pilatus stand:

> *»Ich bin gekommen, dass ich die Wahrheit bezeugen soll. Wer aus der Wahrheit ist, der hört meine Stimme.«* (Johannes 18,37)

»... der hört meine Stimme«, sagte damals Jesus Christus. Das heißt doch, wer wahr, wer echt, wer ehrlich

zu mir kommt, dem gebe ich Antwort, mit dem rede ich.

Es gibt Menschen, die davon sprechen, dass Gott im Gebet zu ihnen geredet hat. Das geschah nicht akustisch, nicht hörbar, aber sie haben irgendwie eine Antwort auf eine bedrängende Frage erhalten, oder sie wurden getröstet, aufgerichtet oder beauftragt. Und es geschah, während sie beteten. »*Wer aus der Wahrheit ist ...*«, sagte Jesus, »der erlebt das.« Wahrheit, die die ganze Person prägt, ist die Voraussetzung, um Gott zu hören.

Lüge, fromme Schaumschlägerei, religiöse Floskeln, auswendig gelernte Sätze ohne »Herzensdeckung« sind dagegen eine undurchdringliche Barriere. Wer nur Worte macht, auch wenn sie biblisch fundiert sind und beeindruckend klingen, dringt nicht zu Gott vor. Leider ist das ein häufiges Hindernis im Gebet. Es wird ausgelöst durch eine falsche Vorstellung vom Gebet durch ein falsches Gottesbild oder durch eine falsche Grundhaltung des Herzens. Ich nenne dazu zuerst einige Negativbeispiele:

Das Leistungs-Gebet

Genügt es, wenn man morgens betet, oder muss man am Abend auch beten?«, so fragte mich vor Jahren eine Frau. Mir verschlug es fast die Sprache. Ich hatte mich wirklich nicht verhört. Ihr Gesicht zeigte, dass sie es ernst meinte. Ich suchte nach einer passenden Antwort, und da fiel mir unvermittelt ein Vergleich ein:

»Wie würden Sie reagieren«, fragte ich zurück, »wenn eine unserer Töchter Sie bei einer Begegnung um folgende vertrauliche Auskunft bitten würde: ›Genügt es, wenn ich am Morgen mit meinem Vater spreche, oder muss ich auch am Abend mit ihm sprechen?‹«

Verlegen antwortete sie: »Schlimme Familienverhältnisse. Gestörte Beziehung zwischen Vater und Tochter.«

Sie begriff, dass meine Frage mit ihrer Frage zusammenhing. Ich musste nicht mehr viel erklären.

Für diese Frau war Beten eine religiöse Leistung. Sie kam im Gebet nicht zu Gott, sondern sie schickte lediglich Worte nach »irgendwo«, berechnende Worte, Worte, denen das Leben des Herzens fehlte. Worte ohne Leben aber sind unwahrhaftige Worte, selbst wenn sie richtig sind.

Jesus Christus sagte:

> *»Wenn ihr betet, sollt ihr nicht plappern wie die Heiden; denn sie meinen, sie werden erhört, wenn sie viele Worte machen.«* (Matthäus 6,7)

Hier verurteilt Jesus Quantität-Gebete, »viele Worte«. »Viele Worte« ist ein Bild für Leistung. Im christlichen Raum kann das mit vielen »Vaterunser-Gebeten« verglichen werden, die jemand spricht oder mit »Rosenkranz-Gebeten«, die monoton wiederholt werden, oder mit auswendig gelernten Gebetstexten, die man aufsagt. Wenn Gebet ein Gespräch mit Gott ist, dann erwartet Gott nicht von uns, dass wir Gebete aufsagen, dass wir ihm formvollendete Gedichte vortragen, dass wir religiöse Verse zitieren. Gott erwartet, dass wir ihn mit *unseren* Worte ansprechen. Gott erwartet, dass wir mit *unseren* Formulierungen mit ihm reden. Gott erwartet, dass wir mit *unseren* Anliegen zu ihm kommen. Gott will, dass wir *»unser Herz vor ihm ausschütten«* und nicht einen Schwall auswendig gelernter Verse. Wer mit der Einstellung betet »Ich leiste jetzt etwas, damit Gott mich erhört, damit Gott gnädig ist«, der geht am zentralen Anliegen des Gebets vorbei: an der Begegnung des Beters mit Gott, dem Vater.

Früher, wenn ich von einer Vortragswoche nach Hause kam, dann hörte ich bewegt auf das fröhliche Plaudern unserer Kinder. Das war keine tiefsinnige, formvollendete und rhetorisch einwandfreie Konversation. Das waren vertrauliche Gespräche. Können Sie sich nun folgende Szene vorstellen: Ich komme von einer Dienstreise nach Hause. Nach einer förmlichen Begrüßung, stellt sich eine unserer Töchter zu mir und sagt ein Gedicht auf. Ich staune und lobe sie. Sie lächelt und verschwindet. Seltsam würde ich denken. Hat sie mir nicht mehr zu sagen?

Kurz darauf wiederholt sich das. Lächelnd steht sie vor mir und sagte das gleiche Gedicht noch einmal auf. Perfekt. Gut betont. Ich lobe wieder. Aber irgendwie kommt mir das schon etwas komisch vor. Ich schweige und sie schweigt auch.

Stunden vergehen. Plötzlich der gleiche Auftritt. Sie setzt sich mir gegenüber und sagt ihr Gedicht auf.

Nichts gegen Gedichte. Das ist ja in Ordnung. Aber das zum dritten Mal und dazwischen Schweigen? Das ist doch irgendwie zu viel.

»Hör mal«, würde ich liebevoll sagen, »das ist jetzt das dritte Mal, dass du das Gedicht aufsagst. Was soll das? Ich denke, wir sollten uns jetzt vernünftig unterhalten. Komm und erzähle, wie es dir geht. Was hast du heute in der Schule erlebt?«

Sie verstehen, was ich damit sagen will. Ich habe zum Glück niemals so eine Situation bei unseren Kindern erlebt. Aber versuchen Sie einmal mit Gott, Ihrem Vater, zu empfinden, der sich von jemand jeden Morgen und jeden Abend ein Gebetsgedicht anhören muss. Schrecklich, so etwas. Eine entsetzliche Verirrung. Gott will, dass wir ihm unser Herz öffnen. Verstehen Sie, was ich meine? Ich betone das hier noch einmal: Gebet ist keine religiöse Leistung und ich muss mit meinem Gebet keinen seelenlosen Automatengott zufrieden stellen. Gebet ist Gespräch mit Gott, der unser liebevoller Vater ist.

Das Lehr-Gebet

Unechte Gebete sind Gebete, in denen der Beter lehrt. Es gibt Meisterbeter, die in ihren Gebeten den ganzen Heilsplan Gottes lehren. Da ist von Adam und Eva die Rede und vom Sündenfall. Da wird gebetet, wie Gott seinen Sohn sandte und er zum Retter der Welt wurde. Da werden die Endzeitzeichen aufgezählt und von der Wiederkunft Jesu gesprochen. Da wird – und das ist eine Gefahr der Gebetsversammlungen – biblisches Wissen an den Mann und an die Frau gebracht. Man betet, was man aus der Bibel weiß. Man betet, was man gelernt hat. Man betet Bibelkenntnis. Aber genau genommen betet man gar nicht, man lehrt.

Vielleicht ging einem solchen gemeinsamen Gebet eine Predigt voraus. Jener Lehr-Beter vermisste vielleicht in dieser Predigt zentrale Aussagen der Bibel oder er vermisste seine ihm wichtig gewordenen »Erkenntnis-Steckenpferde«. Nun werden diese »Wichtigkeiten« und vielleicht auch »Richtigkeiten« im Gebet »nachgereicht«. Was man öffentlich nicht zu sagen wagt, wird dann in einem Gebet verpackt weitergegeben.

In einem solchen Gebet jedoch ist Gott nicht der Ansprechpartner, sondern die Gebetsteilnehmer sind es. Man hat nicht Gott vor Augen, sondern die Anwesenden. Der Beter betet zu den Teilnehmern des Gebetstreffens und nicht zu Gott.

Derartige Gebetsvorträge aber gehen am Sinn und an der Bedeutung des Gebets vorbei. Gott will nicht, dass wir im Gebet Vorträge halten, er will, dass wir mit ihm sprechen.

Das Korrektur-Gebet

Unechte Gebete sind Gebete, in denen der Beter andere im Gebet korrigiert. Da ist ein Gebetsteilnehmer, der eine andere Sicht in speziellen biblischen Fragen hat. Dieser nun wird im Gebet korrigiert, indem der Korrektur-Beter seine Sicht im Gebet vorträgt.

Oder unter den Gebetsteilnehmern ist jemand, der streitsüchtig ist, oder sonst irgendeinen offensichtlichen Charakterfehler hat. Der Korrektur-Beter wagt kein offenes Gespräch. Das, was er eigentlich unter vier Augen sagen sollte, bringt er nun im Gebet, natürlich ohne Namensnennung und fromm verschlüsselt vor.

Einmal erlebten wir als Missionsteam, dass ein Pastor hart und lieblos über einen anderen redete und urteilte. In einer anschließenden Gebetsgemeinschaft hat daraufhin eine Mitarbeiterin gebetet, wie wichtig es ist, dass wir nach 1. Korinther 13 handeln und die Liebe praktizieren, die dort beschrieben wird. Jeder wusste, was der Anlass dieses Gebetes war und an wen dieses Gebet gerichtet war. Was sie betete war nicht falsch, aber es war genau genommen kein Gebet, sondern eine in ein Gebet gekleidete Korrektur, sie wollte mittels eines Gebets jemanden zurecht bringen. Genau genommen war es ein Missbrauch des Gebets.

Das Angeber-Gebet

C. H. Spurgeon schreibt: »An den Herrn allein richtet eure Gebete. Hütet euch davor, nach den Zuhörern zu schielen; hütet euch, ihnen zuliebe schöne Worte zu machen. In der Gegenwart des Herrn der Heerscharen ziemt es einen Sünder schlecht, mit dem Flitterstaat schöner Worte um Beifall zu werben.« (3)

In der Seelsorge bekannte eine Frau, dass sie sich während des Anbetungssingens und auch in ihren Gebeten immer selbst bespiegele. Ihre Gedanken und Gefühle waren: »Du kannst diesen Gebetschorus eindrucksvoller singen als die anderen«, oder: »Das Gebet hast du großartig formuliert«, oder: »Auf diesen brillanten Gedanken wäre sicher kein anderer gekommen.«

Am Anfang ihres Christseins nahm sie das auf die »leichte Schulter«. Später aber bedrückten sie diese Gedankengänge. Sie erkannte ihren Hochmut und wollte davon frei werden.

Aber wie viele solcher »Angeber-Gebete« werden auf Kanzeln, in Gebetsgottesdiensten und auch im »Kämmerlein« gesprochen. Bei diesen Gebeten steht der Verstand im Mittelpunkt, nicht das Herz. Hier spielen beeindruckende Satzbildungen eine Rolle, nicht das Leben bewegende Anliegen. Da bestaunt der Beter sein Gebet und ist beeindruckt von seinen Gedanken und Formulierungen und nicht von Gott. Das Gebet steht im Zentrum, nicht Gott. Die Sätze bewegen ihn, nicht Gottes Gegenwart. Das ist besonders dort der Fall, wo Gebete vorher schriftlich vorbereitet werden oder mit anderen durchgesprochen werden, bevor man sie in der Öffentlichkeit vorträgt.

Verstehen Sie mich bitte nicht falsch: Ich verurteile damit keine schriftlich vorformulierten und bis in Detail durchdachten Gebete. Auch hier kann das Herz dabei sein und sie können durch und durch echt sein, wenn sie in der Öffentlichkeit betend gelesen werden. Aber die Gefahr, dass man diese Gebete eben nur liest, aber sie nicht wirklich betet, ist doch sehr groß. Und es besteht die Gefahr, dass solche Gebete die Hörer beeindrucken sollen.

Nebenbei-Gebet

Das Nebenbei-Gebet

Kennen Sie das auch? Da betet es, Sie aber sind mit Ihren Gedanken auf Reisen. Sie überlegen, was Sie heute noch alles zu tun haben. Sie grübeln darüber nach, wie Sie irgendein Problem nun endlich lösen können. Sie planen den Einkauf und rechnen durch, was Sie sich leisten können und was nicht. Plötzlich schrecken Sie auf und stellen fest, dass Sie nur nebenbei gebetet haben. Die Augen haben umhergeschaut und die Gedanken sind umhergewandert. Worte kamen über ihre Lippen, schöne und fromme Worte. Sie haben »Herr, Herr« gesagt, aber es waren nur leere Worte.

Von einem solchen »Nebenbei-Gebet« berichtet Jesus. Er erzählt seinen Zuhörern, wie ein Theologe im Tempel sein Gebet verrichtete. Während er betete, beobachtete er die Menschen, die ebenfalls im Tempel beteten. Seine Blicke wanderten so lange umher, bis er einen Zollbeamten erblickte, einen dieser verhassten und mit der Besatzungsmacht paktierenden Steuereintreiber, der ebenfalls betete. Die Gedanken, die sich der Pharisäer über diesen Mann machte – und registrieren Sie bitte, dass das alles geschah, während er betete – veranlassten ihn, sich bei Gott zu bedanken, dass er nicht zu dieser üblen Sorte Mensch gehörte. Er bespiegelte sich betend in seiner Frömmigkeit. Dieser religiöse Elite-Typ betete nicht nur routinemäßig, also nebenbei, sondern er sprach dann auch noch eines dieser abstoßenden Selbstgefälligkeits-Gebete.

Es ist taktlos, es ist eine Beleidigung, wenn man mit jemand nur nebenbei redet, aber in Wirklichkeit etwas anderes im Kopf hat. Vielleicht haben Sie das auch schon erlebt, dass Sie auf eine Frage antworteten und dabei feststellten, dass ihr Gesprächspartner mit seinen Gedanken ganz woanders war. Sie hatten den Eindruck, dass er nicht zuhörte. Sie haben das an seinem abwesenden Blick entdeckt und dann das Gespräch schnell beendet. Sie wollten ja nicht in den Wind reden. Sie fühlten sich nicht ernst genommen.

Wie viele solcher Nebenbei-Gespräche aber muss sich Gott anhören? Ob Gott dann auch abbricht?

Das Beruhigungs-Gebet

Hierbei spielen Tradition und Erziehung eine große Rolle. Schon als Kind wurde Ihnen beigebracht, dass man beten muss, sonst ist Gott ...

wie ist er denn sonst? Ist er vielleicht böse? Ist er möglicherweise ärgerlich? Ist er gar beleidigt? Genau wagt man das ja nicht zu sagen. Aber das Gewissen ist beunruhigt, wenn man nicht betet. Es könnte ja alles heute schief gehen ohne Gebet. Also betet man lieber. Und es wird ein Beruhigungsgebet. Ein »Konfektionsgebet«. Das gleiche Gebet wie gestern und vorgestern und wie beinahe immer. Eigentlich könnte man es sich ja leichter machen und so beten, wie das einmal jemand formuliert hat: »Lieber Gott, heute habe ich dir wieder das Gleiche zu sagen wie gestern. Amen.«

Nein, ein Gebet, das lediglich das Gewissen beruhigt, ist kein echtes Gespräch mit Gott. Es wäre ja angenehmer, wenn man nicht beten müsste. Man könnte Zeit sparen, etwas länger im Bett bleiben, gleich nach der Morgentoilette das Frühstück einnehmen, sofort mit der Tagesarbeit beginnen. Aber solche Gedanken lässt man nicht zu, denn das würde ja wieder das Gewissen belasten.

In der Bibel lesen wir:

> *»Denn der Herr hat über euch einen Geist des tiefen Schlafs ausgegossen ... Und der Herr sprach: Weil dies Volk mir naht mit seinem Munde und mit seinen Lippen mich ehrt, aber ihr Herz fern von mir ist ... darum will ich auch hinfort mit diesem Volk wunderlich umgehen.«* (Jesaja 29,10.13.14)

Gebet, das nur aus Worten besteht, das nur ein Aufsagen von frommen Versen und Gedichten ist, führt, wie die Bibel sagt, dazu, dass der Christ geistlich einschläft. Er nimmt die Realität nicht mehr wahr. Er erkennt seinen eigenen Zustand nicht mehr. Eine gefährliche Situation. Darum hat wohl auch der Apostel Paulus an eine christliche Gemeinde geschrieben:

> *»Seid beharrlich im Gebet und wacht in ihm mit Danksagung.«* (Kolosser 4,2)

Paulus ruft also nicht nur zum ausdauernden Gebet, sondern er ruft auch zum wachsamen Gebet auf. Er will, dass wir unser Beten prüfen. Denn es besteht zweifellos die Gefahr, dass das Gebet zur Lüge wird und wenn wir in dieser Gebetslüge verharren, wenn wir einfach weiterbeten, weil das eben zum Christsein dazugehört, dann wird Gebet zu einer gefährlichen einschläfernden Droge.

Ich erinnere noch einmal an den ersten Gebetsschritt: *» Lasst uns hinzutreten mit wahrhaftigem Herzen«*. Unter diesem Aspekt möchte ich jetzt, nachdem ich einige Negativbeispiele nannte, positive Gebetsvariationen beschreiben.

Wahrhaftiger Dank

Wahrhaftiger Dank

Jahrelang lag in meinem Arbeitszimmer ein verrosteter, 40 cm langer Baustahl. Er erinnerte mich an ein bewahrendes Eingreifen Gottes, das mich immer wieder zum Dank bewegte.

Es ereignete sich an einem heißen Junitag 1980. Ich war mit meinem Auto in Süddeutschland unterwegs. Die B 436 war an diesem frühen Nachmittag beinahe ohne Verkehrsaufkommen. Mit ungefähr 100 Stundenkilometern fahre ich in Richtung Albstadt. Plötzlich registriere ich, wie ein pfeilartiger Gegenstand auf meinen Wagen zugeschossen kommt. Im nächsten Augenblick erfolgt ein Schlag am Kühler. Ein Baulastzug rast vorbei. Erschrocken trete ich auf die Bremse und bringe den Wagen am Straßenrand zum Stehen. Ich steige aus und suche nach dem Grund des Schlages. Dabei entdecke ich einen spitzen Gegenstand, der unterhalb der Windschutzscheibe aus der Motorhaube herausragt. Mit einiger Mühe lässt er sich herausziehen. Es ist jener 40 cm lange, ungefähr 5 mm starke Baustahl. Nun sehe ich mir die Motorhaube genauer an und versuche das Geschehen zu rekonstruieren. Offenbar war der Baustahl von der Ladefläche des entgegenkommenden Lastzugs gefallen und ist dabei auf meine Motorhaube aufgeschlagen. Dabei hatte er sich unterhalb der Windschutzscheibe in einer Luftzufuhr verfangen, hatte dort die Motorhaube wie ein Geschoss durchschlagen und war im darunter liegenden Luftfilter stecken geblieben.

Erst jetzt, als ich das alles so deutlich vor mir sehe, kommt mir die ganze Tragweite des Geschehens zum Bewusstsein. Wenn die Luftzufuhr den Baustahl nicht abgefangen hätte, dann hätte er die Windschutzscheibe durchschlagen und mich – mir stockte der Atem – wie ein Riesennagel durchbohrt.

Als ich kurz darauf weiterfuhr, sagte ich immer wieder »Danke, Herr Jesus, für diese wunderbare Bewahrung.«

»Wahrhaftiger Dank«. Es muss nicht besonders hervorgehoben werden, dass solche Erfahrungen Gefühle der Dankbarkeit hervorrufen.

Wunder, die Jesus Christus tut, Führungen in kritischen Situationen, Gebetserhörungen – das alles wird einen Christen zum von Herzen kommenden Dank gegenüber Gott führen. Aber müssen das immer derart spektakuläre Erfahrungen sein, bevor ein Christ von Herzen danke sagen kann? Sollten nicht auch die »alltäglichen« Erfahrungen zu echtem Dank motivieren? Ich sage das persönlich:

- Es ist für mich ein Grund zum Danken, dass ich noch sehen kann, noch hören kann, noch gehen kann, noch sprechen kann, noch ... Das ist doch nicht selbstverständlich.
- Es ist für mich ein Grund zum Danken, dass Jesus Christus mir meine Sünden vergeben hat. Wenn ich dafür danke, dann ist das keine religiöse Floskel. Dann denke ich an reale Verfehlungen, an belastende Ereignisse meines Lebens und eben daran, dass ich das erfahren habe, dass *»das Blut Jesu rein wäscht von aller Sünde«* (1. Johannesbrief 1, 7).
- Es ist für mich ein Grund zum Danken, dass ich Jesus Christus, meinen Erlöser, meinen Herrn und meinen Freund nennen darf, und dass ich das Bekenntnis des Apostels Paulus mit Gewissheit und Freude nachsprechen kann:

> *»Ich bin gewiss, dass weder Tod noch Leben, weder Engel noch Mächte noch Gewalten, weder Gegenwärtiges noch Zukünftiges, weder Hohes noch Tiefes noch eine andere Kreatur uns scheiden kann von der Liebe Gottes, die in Christus Jesus ist, unserem Herrn.«* (Römer 8,38.39)

- Es ist für mich ein Grund zum Danken, wenn ich an meine Frau denke, die meine vielen missionarischen Dienste betend begleitet und wenn ich an unsere beiden Töchter denke, die Jesus nachfolgen und ihm dienen wollen.

Und nun könnte ich diese Dankesliste beinahe endlos fortsetzen. Je mehr ich es bedenke, um so mehr Gründe zum Danken fallen mir ein. Darum will ich dieses »Danke« im Gebet wahrhaftig aussprechen, und ich will es immer wieder aussprechen – so, wie es König David formulierte:

> *»Ich danke dem HERRN von ganzem Herzen«* (Psalm 9,2).

Wahrhaftige Anbetung

... ist nur dann möglich, wenn Sie von Gott ergriffen sind, wenn Sie über Gott, über sein Sein, sein Wesen und sein Handeln staunen können, wenn Sie hingerissen sind von seiner Liebe, wenn Sie begeistert sind von seinem Tun. Ohne Bewegung des Herzens gibt es keine wahrhaftige Anbetung. Das ist noch keine Anbetung, wenn jemand Anbetungslieder singt oder Anbetungstexte der Bibel zitiert oder eine Anbetungsliturgie nachspricht. Das alles kann echte Anbetung sein, aber es kann auch Show sein, bloße Freude am Singen oder am Zitieren herrlicher Bibeltexte oder religiöse Empfindung bei liturgischen Gebeten.

Immer wenn ich anbete oder wenn ich über Anbetung nachdenke, steht die beeindruckende Anbetungsversammlung vor mir, von der in Offenbarung, Kapitel 7 berichtet wird. Die Bibel spricht dort von einer unzählbaren Schar, die vor dem Thron Gottes steht. Menschen aus allen Nationen, Stämmen und Völkern sind zu sehen. Alle Sprachen der Welt sind zu hören. Diese Menschen tragen weiße Kleider und ein Engel erklärt:

> *»Im Blut des Lammes haben sie ihre Kleider reingewaschen.«* (Offenbarung 7,14)

Das sind also Leute, die in ihrem irdischen Leben erkannt haben, dass sie schuldig sind vor Gott. Das sind keine religiösen Leute, die sich auf ihren Glauben, ihre Mitmenschlichkeit oder ihren edlen Charakter etwas einbildeten und das auch vor Gott selbstbewusst auf die »Theke« legten. Nein, das sind Menschen, die sich ganz, die sich ausschließlich auf das stellvertretende Opfer Jesu am Kreuz verlassen haben. Sie haben sich daran geklammert:

»Christi Blut und Gerechtigkeit, das ist mein Schmuck und Ehrenkleid.

Damit will ich vor Gott bestehn, wenn ich zum Himmel werd eingehn.«

Und mit diesem »Ehrenkleid« stehen sie jetzt vor dem Thron Gottes. Sie haben Palmzweige in den

Händen, das Zeichen des Sieges über Sünde, Tod und Hölle. Und sie rufen:

> *»Heil und Rettung kommen allein von unserem Gott, der alle Macht in seinen Händen hält, und von Christus, dem Lamm.«* (Offenbarung 7,10)

Und dann geschieht etwas Ergreifendes: Alle Engel, vielleicht sind es mehrere Millionen, fallen vor dem Thron nieder. Auch Älteste, die den Thron Gottes umgeben und andere Wesen sind unter ihnen. Sie alle beten Gott an.

Die Schilderung dieser Anbetungsszene strahlt eine ungemein starke Atmosphäre aus: Liebe, Begeisterung, Faszination, Leidenschaft, Hingabe.

Wenn Sie mich fragen, was mich an diesem Bericht so mitreißt, dann will ich Ihnen das offen sagen. Es ist die Aussage:

> *»Mit lauter Stimme riefen sie: Heil und Rettung kommen allein von unserem Gott, der alle Macht in seinen Händen hält, und von Christus, dem Lamm.«* (Offenbarung 7,10)

»Mit lauter Stimme« – das packt mich und ich will Ihnen erklären, warum mich das so anspricht. Im Grundtext der Bibel ist von »Schreien« die Rede. Da sind also Menschen, unglaublich viele Menschen, die in dieser Anbetungsversammlung in »Ekstase« geraten. Sie schauen nicht mehr nach rechts und links. Sie legen alle Scheu voreinander ab. Mit Tränen der Begeisterung in den Augen schreien sie ihre Freude Gott entgegen. Sie sehen nur noch den Vater und den Sohn. Sie erfassen in letzter Klarheit die Opferliebe Gottes. Und sie begreifen, wie sie das

vorher noch nie mit solcher Klarheit erfasst haben, sie begreifen was Rettung ist. Sie sind unglaublich begeistert, dass sie zu den Erretteten gehören dürfen. In dieser Faszination beten sie an. Das ist Anbetung! Das ist wahre Anbetung! Das ist himmlische Anbetung!

So möchte auch ich anbeten. So möchte ich begeistert sein. So möchte ich fasziniert sein. Mir ist bewusst, dass das in diesem Leben immer nur ein »Einüben« ist, ein oft kläglicher Versuch, ein Anbetungsstammeln. Aber darin wenigstens will ich »wahr« sein.

Wahrhaftige Bitte

Bitten und bitten ist ein Unterschied. Sie können engagiert bitten und Sie können oberflächlich bitten. Sie können so bitten, dass Ihre Anliegen Sie den Tag über begleiten und bewegen, und dass sie Sie immer wieder dazu drängen, Gott anzurufen. Und Sie können so bitten, dass Sie schon kurz nach dem Gebet nicht mehr genau sagen können, was Sie ausgesprochen haben.

Jesus Christus erzählte seinen Zuhörern einmal die Geschichte von einer couragierten Witwe. Diese Frau wendet sich in einer Rechtsangelegenheit an einen gewissenlosen Richter. Der aber will mit dieser Sache aus irgendwelchen Gründen nichts zu tun haben und schickt die Frau kurzerhand weg. Aber sie lässt sich nicht so leicht abwimmeln. Tag für Tag läutet sie an der Tür der Kanzlei. Tag für Tag wird sie kalt abgefertigt. Irgendwann muss diese Frau doch mal Ruhe geben, die Nase voll haben, kapitulieren – sagt sich der Richter. Aber das geschieht nicht. Sie bittet weiter. Sie drängelt. Sie nervt. Diese ständig bittende Frau verfolgt den Richter bis in die Träume hinein. Und da bekommt er es mit der Angst zu tun. Die Sache wird ihm geradezu unheimlich. Er sagt sich: Bevor diese Frau mich vergiftet oder mit dem Messer auf mich losgeht, werde ich ihr helfen. Als sie am nächsten Tag wieder erscheint, wird sie vorgelassen. Der Richter nimmt sich ihres Falls an.

Der biblische Berichterstatter, der Arzt Lukas, kommentiert dieses aufregende Gleichnis von Jesus mit den Worten:

> *»Wie wichtig es ist, Gott so lange zu bitten, bis er antwortet, machte Jesus durch ein Gleichnis deutlich.«* (Lukas 18,1)

Das also ist wahrhaftiges Bitten. Zur Erklärung dieses Gleichnisses möchte ich hinzufügen, dass hier Jesus Christus nicht zeigen wollte: So ist Gott. Er ist hart. Er ist ungerecht. Er ist kalt. Das wäre eine schreckliche Verirrung. Nein – Jesus legte den Akzent auf das ausdauernde Bitten der Frau. Sie wird von Jesus als Vorbild hingestellt.

Bitten, die Sie vor Gott aussprechen, sollten Ihr Herz bewegen, sie sollten Ihnen wichtig sein, sie sollten Ihnen auf den Nägeln brennen. Jesus Christus hat das in einer Gebetsverheißung geradezu drastisch formuliert. Er sagte:

»Bittet, so wird euch gegeben: suchet, so werdet ihr finden; klopfet an, so wird euch aufgetan.«
(Matthäus 7,7)

Sie merken die Steigerung in dieser Verheißung. Zuerst bitten, dann suchen und zuletzt anklopfen. Bitten sollte verbunden sein mit Suchen und Anklopfen. Das heißt doch, dass das Bitten durch intensive, den ganzen Menschen umfassende Aktionen unterstützt sein soll. Wenn Sie im Gebet Bitten aussprechen, dann prüfen Sie immer wieder einmal die Ernsthaftigkeit, die Echtheit Ihrer Gebetsanliegen und prüfen Sie bitte auch, ob Ihre Bitten dem Willen Gottes entsprechen.

Als ich 1979 von der Kirche als Evangelist freigestellt wurde, mussten wir uns im Raum Stuttgart eine Wohnung suchen. Zwei Wohnungen wurden uns nach einigen Telefonaten angeboten. Aber keine war geeignet. Die eine Wohnung war in einem dunklen und tristen Wohnzentrum und die andere Wohnung so abseits, dass man ohne Auto keine Einkäufe tätigen konnte. Wir sagten ab. Bei meinem intensiven Reisedienst wünschte ich für meine Frau und unsere Kinder eine Wohnung, in der sie sich wohl fühlen konnten. Die Zeit drängte. So beteten wir intensiv in unserer gemeinsamen Gebetszeit und wir beteten in unserer persönlichen Gebetszeit um die richtige Wohnung. An einem Morgen sprach Gott sehr deutlich zu mir. Es war so, als sagte er: »Sprich deine Wünsche offen und konkret aus.« Erst nach diesem geistlichen Eindruck machte ich mir darüber Gedanken, wie die Wohnung und die Umgebung beschaffen sein sollte. Betend sagte ich Gott meine Wünsche:

- Ich stellte mir ein Einfamilienhaus vor.
- Es sollte nach Möglichkeit in der Nähe eines Schulzentrums liegen, damit die Kinder nicht einen langen und beschwerlichen Schulweg haben.
- In der Nähe sollte auch ein Gemeindezentrum unserer Kirche sein, gut erreichbar für meine Frau und die Kinder.
- Die Umgebung sollte wohnlich sein, ein Park in der Nähe, ein Wald – also nicht ein Haus mitten im Verkehrsgewühl.
- Und dann sprach ich noch einen Sonderwunsch aus: Ich bat, da ich zum Ausgleich gerne schwimme, um ein Hallenbad in der Nähe.

Ich möchte noch einmal betonen, dass ich diese Bitten so konkret aussprach, weil Gott zu mir gesprochen hatte. Ich hätte es sonst nicht gewagt, so detailliert zu beten.

Ich erinnerte mich nach diesem Gebet daran, dass ich während einer Evangelisation, die ich Jahre zuvor in der Nähe von Stuttgart hielt, von einem Gemeindeältesten zum Mittagessen eingeladen wurde, der ein Baugeschäft hatte. Ihn rief ich an und fragte ihn, ob er uns bei der Wohnungssuche behilflich sein könne. Und dann ging alles sehr schnell. Er bat uns zu kommen und zwei Häuser zu besichtigen. Das erste Haus war ein Neubau, gerade bezugsfertig. Und das zweite Haus, ich konnte nur noch staunen und danken, erfüllte alle im Gebet ausgesprochenen Wünsche. Es war ein Einfamilienhaus, angebaut an die Kirche, zweihundert Meter vom Schulzentrum entfernt, in der Nähe eines großen Waldgebietes, vor dem ein Park lag. Und nur hundert Meter unterhalb des Hauses war ein großes Badezentrum.

Ich sage entschieden »Nein«, wenn Sie jetzt den Schluss daraus ziehen würden: Gott erfüllte alle unsere Wünsche, die wir im Gebet vorbringen. Es gibt auch Bitten, die ich vor Gott aussprach, engagiert vor Gott aussprach und nicht nur einmal vor ihm aussprach, die er nicht erhört hat. Ich habe es gelernt, auch dazu »Ja« zu sagen. Manchmal hat Gott gezeigt, warum er diese Bitten nicht erhörte und manchmal blieben unbeantwortete Fragen. Aber ich will trotzdem wahrhaftig bitten, engagiert bitten, mit Hingabe und Vertrauen bitten.

Wahrhaftige Fürbitte

Wahrhaftige Fürbitte

Haben Sie auch eine »Fürbitteliste«? Vielleicht ein Ringheft, oder einen Zettel, auf dem mehrere Namen stehen? Ich habe ein solches Fürbitteheft. Und ich habe in meinem Arbeitszimmer außerdem noch eine »Fürbittewand«. Da hängt ein Kreuz und um das Kreuz herum viele verschiedenfarbige Zettel mit Namen und einige Briefe. Ich kenne die Gefahr solcher Listen und Zettel und Hefte. Sie heißt: Routine. Man liest die Namen im Gebet Gott vor und manchmal gehen dabei die Gedanken spazieren, und oft weiß man nicht so recht, was man in der Fürbitte aussprechen soll. So aber wird Fürbitte sehr schnell zur frommen Floskel. Das klingt dann so: Herr segne den und den und auch den ... Um dieser Gefahr von wirkungslosen Fürbitten zu entgehen, habe ich die Namen der Menschen, für die ich mich vor Gott verantwortlich fühle, zum Teil farbig unterstrichen. Blau steht für Menschen, die ich als Christen kennen lernte und die aus irgendeinem Grund mich um Fürbitte gebeten haben. Rot habe ich die Namen derer unterstrichen, die während der Zeit meiner Fürbitte eine Entscheidung für Jesus getroffen haben. Nicht unterstrichen sind die Namen der Menschen, die noch nicht mit Gott leben. Wenn ich dieses Ringheft in meiner Fürbittezeit zur Hand nehme und Namen vor Gott ausspreche, dann weiß ich normalerweise genau den Inhalt meiner Fürbitte. Ich kann aktuelle Gründe, die mir genannt wurden, Gott sagen. Und wenn Namen nicht unterstrichen sind, ist der Inhalt der Fürbitte natürlich klar. Dann bitte ich Gott, dass er das Herz dieses Menschen öffnet, dass er ihm Christen in den Weg stellt, die durch ihr Leben, ihr Handeln und ihr Reden ein glaubwürdiges Zeugnis sind. Dann geht es um das Thema Rettung.

Ein solcher nicht unterstrichener Name in meinem Fürbitteringheft ist der Name meines Frisörs. Er ist jung, lebt mit einer Thailänderin zusammen, fotografiert und reist gern. Ich kann offen mit ihm über Gott und die Welt sprechen, aber er steht doch ziemlich distanziert dem christlichen Glauben gegenüber. Im Klartext: Er ist kein Christ. Ich bete für ihn, dass Gott sein Herz öffnet und er zu einem entschiedenen Nachfolger Jesu wird und ich kann sagen, dass meine Fürbitte wahrhaftige Fürbitte ist. Ich bete engagiert für ihn und ich bereite auch jede

Begegnung im Gebet vor. Ich bin gespannt, wie Gott handelt. Es ist wie ein Abenteuer.

Wir, meine Frau und ich, beten in unserer gemeinsamen Gebetszeit besonders auch für unsere Nachbarn. Sie liegen uns am Herzen. Einige sind dem christlichen Glauben gegenüber aufgeschlossen. Einer hat als Jugendlicher in einer Evangelisation eine Entscheidung für Christus getroffen. Sehr offen hat er bei unserem ersten Besuch von diesem Ereignis berichtet, dann aber auch gesagt, dass er sich jetzt nicht mehr als Christ bezeichnen könne. Andere sind noch kirchlich orientiert. Aber die meisten leben ohne eine persönliche Beziehung zu Gott. Es ist nicht so, dass sie Gott ablehnen, aber sie haben einfach kein Interesse an diesem Thema. Wir beten für sie und machen uns intensiv Gedanken, wie wir sie für Christus gewinnen können.

Wahrhaftige Fürbitte ist gezielte Fürbitte und wahrhaftige Fürbitte ist permanente Fürbitte. Ich fasse das in einigen Stichworten zusammen:

- Dranbleiben am Gebet.
- Beobachten, wie Gott handelt.
- Sich von Gott gebrauchen lassen.
- Zeit und Kreativität investieren.
- In allem Liebe üben.

»... nur ihre Lippen bewegten sich«

Ich nenne noch einmal den ersten hier behandelten Gebetsschritt:

> *»Lasst uns hinzutreten mit wahrhaftigen Herzen«* (Hebräer 10,22).

Diesen ersten Gebetsschritt unterstreicht ein Bericht aus 1. Samuel, Kapitel 1: Dort ist von einer Frau namens Hanna die Rede. Jahrelang litt sie darunter, dass sie kinderlos war. Bei einem der jährlichen Besuche im Heiligtum in Silo sprach sie diese Not vor Gott aus. Die Bibel berichtet:

> *»Hanna redete in ihrem Herzen, nur ihre Lippen bewegten sich, ihre Stimme aber hörte man nicht.«*

Weil sie in dieser Haltung sehr lange betete, wurde der Priester Eli auf sie aufmerksam. »Diese Frau ist betrunken«, war sein Eindruck, denn so *lange* und so *intensiv* und *so* betet man nicht. Darum sprach er sie an:

> *»Wie lange willst du betrunken sein? Gib den Wein von dir, den du getrunken hast.«*

Hanna antwortete:

> *»Nein, mein Herr! Ich bin eine betrübte Frau. Wein und starkes Getränk habe ich nicht getrunken, sondern mein Herz vor dem Herrn ausgeschüttet.«*

Zwei Mal kommt in diesem Bericht der Begriff »Herz« vor: *»Hanna redete in ihrem Herzen«* und *»ich* *habe mein Herz vor dem Herrn ausgeschüttet«.* »Gebet mit Herz« ist das Zeichen der Wahrhaftigkeit.

Wahrhaftigkeit

Prüfen Sie sich, wenn Sie im Gebet den Namen Jesus Christus aussprechen. Prüfen Sie, ob Sie Jesus Christus wirklich begegnen wollen, ob Sie seine Nähe wirklich ersehnen.

Prüfen Sie Ihr Danken und Ihr Bitten, ob das alles von Herzen kommt, ob es Sie bewegt, ob es Ihnen ernst ist, ob Liebe und Opferbereitschaft dahinter stehen.

Prüfen Sie Ihre Anbetung, ob es nur Worte sind, oder ob Sie ergriffen sind von seiner Liebe, seiner Herrlichkeit und seiner Macht.

Und wenn Sie feststellen, dass das nicht der Fall ist, dann sagen Sie es Gott in aller Offenheit. Auch für Gebet gilt die Bitte, die König David sprach:

> *»Erforsche mich, Gott, und erkenne mein Herz; prüfe mich und erkenne, wie ich's meine. Und siehe, ob ich auf bösem Wege bin, und leite mich auf ewigem Wege.«* (Psalm 139,23.24)

Zweiter Gebetsschritt:

Vertrauen

»... ohne Glauben ist's unmöglich ...«

Und das ist das Jugendzentrum«, erklärte ich meinen Mitarbeitern. Wir gingen über den Kirchplatz auf einen modernen Bau zu, der im Bungalow-Stil gebaut war. Eine Menge Fahrräder, Mopeds und Motorräder standen davor.

»Scheint einiges los zu sein – hier«, bemerkte einer meiner jungen Freunde.

»Keine Angst. Hier kriegen wir Arbeit«, sagte ich. »Aber bevor wir die Offensive beginnen, wollen wir beten.«

Was ich Ihnen jetzt berichten möchte, ereignete sich in einer schwäbischen Kleinstadt. Dorthin war ich zu einer Jugendevangelisation eingeladen worden. Die Veranstalter hatten die erst wenige Wochen zuvor eingeweihte Stadthalle gemietet und erwarteten, dass viele Jugendliche kommen würden. Einige junge Christen hatten Urlaub genommen, um bei diesem missionarischen Einsatz mithelfen zu können. Aufregendes und Ungewohntes war bereits gelaufen: Lautsprechereinsätze auf den Straßen, Open-air-Veranstaltungen in den großen Pausen auf dem Schulhof, heiße Diskussionen in den Religionsstunden, zu denen wir eingeladen waren.

Nun wollten wir die Botschaft von der Liebe Gottes im Jugendzentrum weitersagen.

Wirklich – das hatte sich die Stadt einiges kosten lassen. Die Eingangstür gab den Weg zu einem großen Vorraum frei. Ich ging mit meiner Bibel unter dem Arm in den angrenzenden Raum. Hier war großer Andrang. Viele junge Leute bewegten sich auf der Tanzfläche. Der Lärmpegel der Musik machte jedoch jedes Gespräch unmöglich. Hier konnte man sich nur anschreien – und das hatte ich nun wirklich nicht vor. Ich schaute mich um und entdeckte eine Tür, die in Nebenräume führte, und dort landete ich schließlich bei einigen jungen Männern, die Skat spielten. Ich legte meine Bibel auf den Tisch und sah ihnen zu. Irgendwie schien das sehr aufregend für sie zu sein; denn nach einigen verstohlenen Blicken, die sie sich zuwarfen, fragte einer: »Was soll das denn hier?« Er deutete auf die Bibel.

»Das ist ein Liebesbrief«, antwortete ich betont.

»Liebesbrief?«, blubberte ein anderer spöttisch. »So ein Quatsch. Das ist doch 'ne Bibel. Die kenn ich von meiner Großmutter.« Gelächter!

»Richtig getippt«, erklärte ich. »Das ist eine Bibel und zugleich ein Liebesbrief.«

»Wieso Bibel und Liebesbrief?«, schaltete sich ein anderer ins Gespräch ein. »Sie woll'n uns wohl auf die Schippe nehm'«

»Sehe ich so aus?«, fragte ich lachend. »Aber Spaß beiseite. Ich werde euch das erklären. Die Bibel ist der große Liebesbrief Gottes. In ihm sagt und zeigt Gott, dass er uns mag. Davon könnt ihr euch selbst überzeugen.« Ich öffnete das Johannesevangelium, Kapitel 3 und zeigte ihnen den bei mir rot unterstrichenen 16. Vers. »So sehr hat Gott die Menschen lieb, dass er für sie seinen Sohn hergab ...«

»Moment!«, rief einer dazwischen. »Sagen Sie uns erstmal, wo der Kain seine Biene hernahm!«

»Ich hab auch eine Frage«, rief ein anderer, der gerade noch engagiert Tischfußball gespielt hatte. »Kann Gott einen Felsen basteln, der so groß ist, dass er ihn selber nicht mehr fortkriegt?«

»Alles Widersprüche in der Bibel!«, tönte es aggressiv aus einer Ecke.

Es wurde spannend. Plötzlich wusste jeder etwas Seltsames über Gott und die Bibel zu sagen und ich war eingekeilt von einer Menge Fragen.

»Freunde«, rief ich in das Durcheinander, »ich schlage vor, dass wir uns erstmal gemütlich hier am Boden lagern, und dann können wir ein Thema nach dem andern in Ruhe behandeln.«

Und so geschah es. Ich kann heute nicht mehr sagen, was da alles zur Sprache kam. Aber ich erinnere mich daran, dass ich nach einiger Zeit die Kurve zum zentralen Thema der Bibel bekam: Ich konnte mit ihnen über Jesus Christus sprechen. Ich war gerade dabei, zu erklären, warum der Sohn Gottes unseren Blauen Planeten besucht hatte, als plötzlich die Tür aufging, und ein junger Mann herein stürmte. Als er uns so friedlich auf dem Boden sitzen sah, blieb er wie angewurzelt stehen.

»Doll, dass du kommst«, rief einer und fügte dann hinzu: »Der da«, er deutete auf mich, »will uns bekehren!«

Der Große, offenbar war er ihr Boss, warf sich neben mich auf den Boden, starrte erst mich und dann meine Bibel an und sagte: »Erst hab ich 'ne Frage, bevor du weiterquasselst: Wo nahm der Typ – wie heißt er – ganz am Anfang in diesem Buch?«

»Kain!!!«, schrien alle.

»Ja, Kain«, sagte er triumphierend, »also wo nahm der Kain sein Mädchen her? Adam und Eva waren doch die einzigen Menschen, hab ich gehört. Die hat Kain wohl aus der Luft geholt?«

»Du kommst genau eine halbe Stunde zu spät«, erwiderte ich freundlich. »Diese Frage habe ich gerade sauber beantwortet.«

Die andern nickten.

»Dann kommt 'ne andere Frage«, setzte der Große nach. Die sinnlose Fragerei ging von vorne los. Das war so frustrierend, dass ich schon aufgeben wollte. Aber genau da gab mir Gott den alles verändernden Gedanken. Ich brach mitten in einer Erklärung ab ... »Du«, redete ich den Großen an, »ich hab jetzt eine Frage an dich: Wenn es eine Möglichkeit gäbe, Gott persönlich zu erleben, würdest du dich dafür interessieren?«

»Das wär ein Angebot«, sagte er und nickte mit dem Kopf.

»Willst du, oder willst du nicht?«, nagelte ich ihn fest.

»Schon«, sagte er zögernd, »aber wie geht das?«

»Das ist ein Experiment«, erklärte ich. »Wenn du bereit bist, hier mit mir hinzuknien und Jesus Christus darum zu bitten, wirst du Gott erleben.«

»Beten?«, stotterte er erschrocken. »Hier beten?«

»Na klar«, sagte ich. »Du bist doch mutig – oder? Mut braucht man, um Gott kennen zu lernen.«

Plötzlich sagte einer aus der Runde: »Probier's doch!«

»Ja!«, riefen alle durcheinander. »Auf die Knie! Der Boss betet!«

Der Große wurde blass. Er schluckte und sah mich erschrocken an. Er tat mir Leid, wie er da so hilflos neben mir saß, und ich spürte, dass wir eigentlich beide in der Klemme waren – er und ich. Er, weil seine Ehre auf dem Spiel stand. Und ich, weil ich wusste, dass das nicht die Atmosphäre war, um einen Menschen in die Gegenwart Gottes zu führen. Darum suchte ich nach einem rettenden Ausweg – und der stand dann auch klar vor mir.

»Du musst nicht hier beten«, sagte ich. »Draußen steht mein Auto. Da können wir uns reinsetzen.«

Der Große stand auf und ging zur Tür. Auch ich erhob mich und ging mit ihm nach draußen. Ich öffnete meinen Wagen, und wir setzten uns auf den Rücksitz. Es war schon dunkel, und so konnte ich unbeobachtet mit ihm sprechen. Ich erklärte ihm, dass Sünde wie eine Mauer ist, die zwischen uns und Gott steht. Und ich berichtete ihm, dass Jesus Christus diese Mauer durchstoßen hat, als er an einem Kreuz starb.

»Jesus Christus kann auch dich wieder mit Gott in Verbindung bringen«, erklärte ich, »denn er ist jetzt wie eine Brücke, die sich zwischen Gott und Mensch spannt. Nur musst du ihn darum bitten. Ich werde jetzt für dich beten, und dann kannst du entscheiden, ob du ebenfalls beten willst.«

Ich fühlte in mir eine ungeheure Spannung. Wenn dieses Experiment nun nicht klappte? Sicher, ich wusste, dass Gott Gebete erhört und ich konnte auch vertrauen, dass er es jetzt tat. Aber hatte ich jenem jungen Mann nicht viel zu wenig von dem gesagt, was Voraussetzung zu einer persönlichen Begegnung mit Gott war?

»Herr Jesus«, betete ich, »hier ist jemand, der dich erleben will. Bitte, zeige ihm jetzt, dass du Realität bist. Amen.«

Und plötzlich betete auch er. Er sprach den Namen Jesus aus, bat um Vergebung für das, was in seinem Leben nicht in Ordnung war und sprach davon, dass er ab jetzt Jesus vertrauen möchte.

Was nun geschah, kann nur sehr unvollkommen beschrieben werden: Er griff nach meiner Hand und sagte erstaunt: »Es stimmt. Gott ist da.« Die Gegenwart Gottes war auch für mich spürbar.

Draußen warteten sie schon, seine Freunde. »Hat's geklappt?«, rief einer, als wir ausstiegen. »Hast du Gott gesehen?«, grölte ein anderer.

Da geschah etwas, was ich nie vergessen werde: Der Große blieb einen Augenblick vor ihnen stehen und sagte nur den einen Satz: »Ihr habt ja keine Ahnung.« Dann ging er weg.

Immer wieder erlebe ich, dass Gott Vertrauen belohnt. Und das wird in ganz besonderer Weise in dem Brief bezeugt, in dem unser Leitwort steht:

> *»Lasst uns hinzutreten in vollkommenem Glauben.«* (Hebräer 10,22)

Glauben, Vertrauen – das ist der Inhalt des zweiten Gebetsschritts, den uns die Bibel zeigt.

Das darauf folgende Kapitel wird das große Kapitel des Glaubens genannt. Dort beschreibt der Verfasser dieses Briefes einige Personen der Bibel und betont in ganz besonderer Weise ihren Glauben. Wir lesen:

> *»Ohne Glauben ist's unmöglich, Gott zu gefallen.«* (Hebräer 11,6)

Dieser Glaube wird wie folgt erklärt und gedeutet:

> *»Es ist aber der Glaube eine feste Zuversicht auf das, was man hofft, und ein Nichtzweifeln an dem, was man nicht sieht.«* (Hebräer 11,1)

Die Begriffe, auf die ich Sie besonders aufmerksam machen möchte, sind »feste Zuversicht« und »Nichtzweifeln«. In dieser »festen Zuversicht«, in diesem »Nichtzweifeln«, in diesem »vollkommenen Glauben« sollen wir beten. Um was geht es dabei? Was sollen die Inhalte unseres Glaubens sein? Worauf soll unsere »feste Zuversicht« gerichtet sein? Worauf sollen wir, wenn wir beten, vollkommen vertrauen? Ich nenne einige Kriterien, die mir in meiner Gebetszeit sehr wichtig geworden sind:

Vertrauen Sie, dass Gott Ihnen jetzt nahe ist.

Vertrauen Sie, dass Gott Ihnen jetzt nahe ist.

Auf der Internationalen Evangelistenkonferenz 1983 in Amsterdam berichtete ein farbiger Pastor aus Los Angeles, Dr. Hill, von einem Gebetsgottesdienst, der am letzten Tag einer evangelistischen Woche stattfand. Eine Frau betete sehr bewegt. Sie dankte Jesus Christus für die vielen Menschen, die die Veranstaltungen besuchten. Sie dankte für alle, die errettet wurden und für alle, die einen neuen Anfang mit Gott gemacht hatten. Am Ende ihres Gebets sagte sie: »Herr Jesus, es war eine wunderbare Woche. Du hättest dabei sein sollen. Amen«.

Viertausend Evangelisten brachen nach diesen Sätzen in schallendes Gelächter aus.

Aber, Hand aufs Herz: Ist es nicht so, dass unsere Gebete oft den Eindruck erwecken, als sprächen wir zu einem Gott, der weit von uns entfernt ist? Beten wir nicht oft so, als wären wir allein im Raum und Jesus Christus, dessen Namen wir ausgesprochen haben, befände sich irgendwo?

Genau das Gegenteil hat doch Jesus versprochen. Sie sind jetzt nicht allein in Ihrem Zimmer oder dort, wo Sie sich gerade befinden. Jesus Christus, dessen Namen Sie aussprechen, ist gegenwärtig. Er füllt Raum und Zeit aus. Oft habe ich den Eindruck, dass wir uns zu sehr an das Versprechen gewöhnt haben, das Jesus seinen Jüngern gegeben hat:

> *»Siehe ich bin bei euch alle Tage bis an der Welt Ende.«* (Matthäus 28,20)

Eigentlich müsste uns dieser Satz immer wieder hoch reißen. Es müsste uns bis ins Innerste hinein packen: Jesus ist da!

Versuchen Sie einmal, sich hineinzudenken, wie es wäre, wenn Sie Jesus Christus jetzt sehen würden? Wie würden Sie reagieren? Was würden Sie sagen und empfinden? Was würde diese Begegnung bei Ihnen auslösen? Tränen? Begeisterung? Freude? Trauer? Dankbarkeit? Neue Hingabe? Es wäre zweifellos für Sie ein unglaubliches Erlebnis, eine unvergessliche Stunde.

Die Bibel sagt uns, dass Jesus Christus da ist, denn er ist allgegenwärtig! Er ist zwar unsichtbar und doch ist er ganz real anwesend. Denken Sie an sein Versprechen und reagieren Sie darauf so, wie Mose reagierte, von dem die Bibel sagt:

> *»Er hielt sich an den, den er nicht sah, als sähe er ihn.«* (Hebräer 11,27)

Da sehe ich, wie Mose mit dem Volk Israel durch die Wüste geht. Er ist total angewiesen auf die Führung und auf die Hilfe Gottes. Ein Weg voller Gefahren und voller Hindernisse. Aber Mose *»hielt sich an den, den er nicht sah, als sähe er ihn«*. Für Mose war Gott da, nur eine Hand breit neben ihm. Vielleicht griff Mose gelegentlich mit seiner rechten Hand nach oben, so als ob er nach einer Hand greifen würde, nach der Hand eines Größeren – eben nach Gottes Hand. Und es war Realität! Gott war mit Mose und er war bei Mose.

Ein solcher vollkommener Glaube ist gefragt, während Sie beten. Sie sprechen wirklich mit Gott. Gebet ist also nicht nur der berühmte »heiße Draht« zum Himmel. Gebet ist ein vor Gott knien, vor Gott stehen, vor Gott liegen, vor Gott sitzen oder mit Gott gehen. Seine reale Gegenwart darf jetzt Ihr Gespräch mit Gott, Ihr Gebet, prägen.

Ich kniete mit einem jungen Mann in seinem Zimmer. Wir beteten. Plötzlich brach er mitten im Gebet ab. Nach einer Pause sagte er mit zitternder Stimme: »Gott ist da!« Ich öffnete die Augen und sah zu ihm hin. In seinem Gesicht spiegelte sich Erschrecken und Erstaunen. Er brachte kein Wort mehr über seine Lippen.

In solchen Augenblicken kann dann auch Schweigen zu einem Gebet werden, Schweigen, in dem das Herz redet – die Sprache der Hingabe, die Sprache der Liebe.

Lasst uns betend hinzutreten in dem vollkommenen Glauben, dass Jesus Christus real gegenwärtig ist.

Vertrauen Sie, dass Gott Sie wirklich hört.

Vertrauen Sie, dass Gott Sie wirklich hört.

Wieder einmal nehme ich einen Anhalter mit. Da ich seinen Namen vergessen habe, nenne ich ihn »Peter«. Nach den üblichen Einstiegssätzen frage ich Peter: »Hast du eine persönliche Beziehung zu Gott?« Er sieht mich ganz erstaunt an und schüttelt dann wortlos den Kopf.

»Dann werde ich dir sagen, wie du Gott persönlich erleben kannst.«

Er ist einverstanden. Aufmerksam hört er zu, als ich ihm erkläre, dass wir durch Sünde von Gott getrennt sind, dass der Sohn Gottes, Jesus Christus, darum Mensch wurde, um für unsere Sünden zu sterben und dass wir, wenn wir Jesus in unser Leben aufnehmen, unsere Sünden bekennen und bereit sind, ihm nachzufolgen, ein neues Leben bekommen.

»Ja«, bemerkte er, »ich habe gerade ziemlich Mist gebaut und meine Arbeitsstelle verloren.«

Ich wollte zunächst nicht näher auf seine Äußerung eingehen, deshalb sagte ich nur: »Dann weißt du, dass die Sünde zerstören kann.«

Er stimmte zu. Nickte mit dem Kopf.

»Darum brauchst du Jesus Christus«, spreche ich weiter, »und du brauchst seine Vergebung und seine Hilfe.«

Ich hatte inzwischen vor einem Gasthaus geparkt, um konzentrierter mit ihm über dieses Thema sprechen zu können.

Peter fragte: »Glauben Sie wirklich, dass es für mich einen neuen Anfang gibt? Glauben Sie, dass Gott sich um mich und meine Probleme kümmert? Ich weiß nicht, wo ich heute übernachten kann und ich habe meinen Job verloren. Glauben Sie, dass Gott mich überhaupt hört? Ich habe ihn doch bis jetzt mit links behandelt.«

»Ich bin sicher, dass er dich hört, wenn du mit ihm sprichst. In der Bibel steht: *›Gott hört, wenn ich ihn anrufe‹* (Psalm,4,4). Aber das Wichtigste dabei ist, dass du dich ihm anvertraust.«

»Okay, ich will«, sagte er nach einer Pause.

Ich erklärte ihm, wie er ein Gebet der Hingabe an Jesus Christus formulieren könnte und danach betete ich. Ich dankte Jesus Christus dafür, dass er keinen abweist, der zu ihm kommt. Nach meinem Gebet betete dann auch Peter. Er bat Jesus, ihm seine Sünden zu vergeben, ihn anzunehmen und er nannte auch sehr offen seine Schwierigkeiten. Während er betete, überlegte ich, wie ich ihm helfen könnte. Aber mir fiel nichts ein. Wir selbst hatten in unserer Wohnung kein Fremdenzimmer und die Sache mit der Arbeitsstelle war natürlich nicht auf die Schnelle zu lösen.

Nach seinem Amen sprachen wir noch über seine Zukunft. Wir waren gerade ausgestiegen. Plötzlich unterbrach Peter das Gespräch und deutete auf einen VW-Bus, der neben uns hielt. Das ist einer unserer Firmenwagen, sagte er. Die Fahrertür öffnete sich. Ein Mann stieg aus. Erstaunt sah er Peter an und sagte: »Willst du wieder bei uns arbeiten?« Es war der Meister.

»Ja, gern«, antwortete Peter und sah mich dabei erstaunt an. Und während sich beide unterhielten, öffnete sich die Tür des Gasthauses. Die Tochter des Gastwirts trat heraus. Sie besuchte unseren Offenen Abend. »Hallo!«, rief sie. Ich ging zu ihr und berichtete begeistert, was wir soeben erlebt hatten.

»Und das andere Problem kann ich lösen«, sagte sie. »Wir haben genügend Fremdenzimmer. Er kann bei uns bleiben.« Als ich mich kurz darauf von Peter verabschiedete, drückte er mir bewegt die Hand. Er hatte erlebt, dass Gott Realität ist, dass er hört und antwortet.

Vertrauen Sie, dass Gott wirklich hört. ... wirklich!

Gelegentlich hat eine unserer Töchter das Gespräch unterbrochen und gefragt: »Hörst du eigentlich zu, Papa?«, oder sie sagte: »Papa, du hörst ja gar nicht zu!« Ich musste dann manchmal zugeben, dass ich mit meinen Gedanken ganz woanders war oder nur halb zugehört hatte. Manchmal hatte ich, während sie sprach, schon meine Antworten in Gedanken formuliert. Ich hörte nicht immer wirklich zu, ich hörte nicht immer mit Anteilnahme zu, ich hörte nicht immer mit vollem Interesse zu.

Bei Gott ist das anders. Er ist voll dabei, wenn wir mit ihm sprechen. Und er hört nicht nur auf die Sätze, die wir formulieren, sondern er hört die Sprache des Herzens, das, was nicht mehr zu Wort gebracht werden kann. Er hört sozusagen unsere Empfindungen, er hört unsere Sehnsucht, unser unausgesprochenes Verlangen, er hört das, was in der Tiefe unserer Seele verschlossen und verborgen ist: alle Rufe und Schreie des Unterbewusstseins. Gott hört also auch das, was wir nicht erkennen und was wir darum auch nicht aussprechen können, weil es nicht in unser Bewusstsein dringt.

Und, bitte beachten Sie auch das: Gott hört väterlich zu, nicht juristisch, nicht geschäftsmäßig, nicht kritisch prüfend. Er hört mit Liebe, er hört einfühlend.

Und – denken Sie bitte auch darüber nach – er hört umfassend. Er hört nicht nur das, was wir im Augenblick aussprechen, sondern er hört unter Einbeziehung der Vergangenheit, der Gegenwart und der Zukunft. Er hört allwissend. Er hört in einer für uns unvorstellbaren Dimension – in einer umfassenden Kenntnis unseres gesamten Lebens, eben auch des Lebens, das noch vor uns liegt. Das ist göttliches Hören. Wenn Sie jetzt mit ihm sprechen, dann hört er in dieser Tiefe und er hört in dieser Weite. Er schaut, wenn Sie beten, nicht nur in Ihre Augen, sondern er schaut in Ihr Herz. Er schaut in Ihre Vergangenheit, er sieht Ihre Gegenwart und er blickt in Ihre Zukunft. Das ist, wenn wir im Gebet ehrlich sind, unglaublich befreiend. Das macht Gebet zu einem frohen Geschehen.

Als ich damals 1956 in meinem Zimmer niederkniete und das Gebet der Entscheidung für Jesus sprach, hat Gott so umfassend gehört. Er wusste, warum ich beinahe ängstlich sagte: »Du kannst machen, was du willst. Du wirst mich nicht mehr los.« Er wusste um meine Minderwertigkeitskomplexe, um meine inneren Verletzungen und geheimen Ängste. Und er wusste um mein zukünftiges Versagen. Er wusste, wie viel »Betriebsunfälle« ich bauen würde. Meine Zukunft lag offen vor ihm. Geradezu klassisch formuliert es die Bibel:

> *»Jeder meiner Tage war schon vorgezeichnet, noch ehe der erste begann.«* (Psalm 139,16)

Und dennoch hat Jesus Christus ein umfassendes Ja zu mir gesprochen, ein Ja ohne Abstriche, ohne Wenn und Aber, das Ja, das Zeit und Ewigkeit einschließt.

Lasst uns betend hinzutreten in diesem vollkommenen Glauben, dass Jesus Christus wirklich so umfassend zuhört!

Vertrauen Sie, dass Gott Sie versteht.

Vertrauen Sie, dass Gott Sie versteht.

Mich versteht ja doch keiner!« – wie oft schon habe ich diesen Satz bei Gesprächen gehört.

Wie viel Enttäuschung spricht aus einer solchen Aussage. Da hat sich jemand einem andern anvertraut, hat über seine Nöte und Entbehrungen, seine Frustrationen und Ängste gesprochen. Und dann musste er erfahren, dass der andere ihn nicht verstanden hat. Eine oberflächliche Bemerkung zerstörte das Vertrauen. Der Enttäuschte ist um eine Enttäuschung reicher. Wird er sich jemals wieder einem andern öffnen und von seiner Einsamkeit, seinen Ängsten, seinen Frustrationen sprechen?

Aber jetzt, während Sie beten, dürfen Sie wissen, dass da einer ist, der Sie wirklich versteht. Die Bibel sagt von Jesus:

> *»Wir haben nicht einen Hohenpriester, der nicht könnte mitleiden mit unserer Schwachheit, sondern der versucht worden ist in allem wie wir ... Darum lasst uns hinzutreten mit Zuversicht zu dem Thron der Gnade.«* (Hebräer 4,15.16)

Dieser Satz will daran erinnern, dass Jesus Christus einmal wirklich Mensch war. Jesus war, als er in Nazareth lebte, ein Kind. Jesus war, als er als Zimmermann arbeitete, ein Jugendlicher. Jesus war, als er in der Öffentlichkeit auftrat, ein Erwachsener. Und Jesus hat diese Phasen des Menschseins als Mensch erlebt, nicht als Halbgott. Er hatte die gleichen Probleme, wie sie Kinder auch heute haben. Und er hatte die gleichen Probleme, wie sie Jugendliche und Erwachsene heute haben. Jesus hatte die gleichen Gefühle wie wir. Er konnte traurig und fröhlich sein. Er hätte wütend und beleidigt sein können. Er konnte frustriert und niedergeschlagen sein. Er hatte ein menschliches Temperament. Er hatte menschliche Veranlagungen wie Sie und ich. Auch wenn er diese Veranlagungen nicht umfassend ausgelebt hat, so waren sie doch in ihm vorhanden. Wenn er sie nicht gehabt hätte, könnte er uns nicht verstehen. Und darauf weist der Autor des Hebräerbriefes hin, wenn er schreibt, dass wir jetzt in Jesus Christus einen Hohenpriester haben, der ein Mitgefühl, ein Mitempfinden hat mit unseren Schwachheiten. Das dürfen Sie wissen, wenn Sie beten, wenn Sie nach Worten ringen oder mit dem Schlaf kämpfen, wenn Sie sich einsam und unverstanden fühlen, wenn Sie auf die Uhr sehen und an die Termine denken. Er versteht Sie, denn er war einmal ein Mensch, und er war als Mensch genauso auf die Hilfe Gottes, seines Vaters, angewiesen, wie Sie es sind. Jesus Christus sagte seinen Jüngern:

> *»Wahrlich, wahrlich, ich sage euch: Der Sohn kann nichts von sich aus tun, sondern nur, was er den Vater tun sieht; denn was dieser tut, das tut gleicherweise auch der Sohn.«* (Johannes 5,19)

Das ermutigt mich und tröstet mich, wenn ich bete, wenn ich Bitten ausspreche und in der Fürbitte für andere eintrete. In meiner Ohnmacht, in meinem totalen Überfordertsein, in meiner völligen Abhängigkeit von Gott stehe ich auf einer Stufe mit Jesus, als er auf dieser Erde lebte.

Lasst uns betend hinzutreten in diesem vollkommenen Glauben, dass Jesus Christus uns wirklich versteht!

Vertrauen Sie, dass Gott seine Verheißungen erfüllt.

Vertrauen Sie, dass Gott seine Verheißungen erfüllt.

Vor einiger Zeit leitete ich in einem Glaubenszentrum eine Gebetskonferenz. Am letzten Tag bittet mich eine ältere Dame um ein Gespräch. Bewegt schildert sie, dass ihre Tochter vor zwölf Jahren sich von ihr im Streit getrennt hat. Alle Brücken wurden abgebrochen. Keine Begegnung mehr. Kein Gespräch mehr. Alle Versuche stießen auf Granit. Tränen stehen der Mutter in den Augen, als sie davon berichtet. Sie bittet mich, mit ihr zu beten.

»Zuerst wollen wir eine Gebetsverheißung lesen, auf die wir uns dann im Gebet vor Gott berufen können«, sage ich.

Ich öffne meine Bibel und lese den Verheißungstext, den Jesus Christus gesprochen hat:

> *»Wahrlich ich sage euch: Wenn zwei unter euch eins werden auf Erden, worum sie bitten wollen, so soll es ihnen widerfahren von meinem Vater im Himmel.«* (Matthäus 18,19)

Ich erkläre, dass ich jetzt ihr Anliegen auch zu meinem Anliegen machen möchte, und dass wir in dieser inneren Einheit Gott um eine Lösung des Problems bitten wollen. Nach diesen erklärenden Worten beteten wir gemeinsam.

Eine Woche später erhielt ich von jener Frau einen Brief. In ihm berichtete sie zuerst, wie erfüllt und bewegt sie nach diesem Gebet zu ihrem Auto ging. Bevor sie den Motor startete, habe sie noch einmal gebetet. Nach einigen Kilometern Fahrt wurde sie innerlich gedrängt, noch einmal zu wenden, auf den Parkplatz des Glaubenszentrums zurückzufahren und dort nochmals für alle Segnungen der zurückliegenden Tage zu danken. Danach fuhr sie nach Hause. Was sie nun weiter schrieb, gebe ich hier wörtlich wieder: »Ich bog mit meinem Auto in unsere Straße ein und sah vor unserer Haustür ein fremdes Auto stehen. Plötzlich kam mir der Gedanke: »Meine Tochter.« Ich wagte es kaum zu glauben. Sollte Gott das Gebet erhört haben und unsere Tochter zurück in unser Haus geführt haben? Gott hatte das Gebet erhört. Meine Tochter wartete seit Stunden auf mein Heimkommen. An der Haustür umarmten wir uns. Wie dankbar ich bin, können Sie sich sicherlich vorstellen.«

Überdenken Sie bitte einen Augenblick diese Gebetserhörung, über der eine Verheißung stand. Gott hatte die Tochter jener Frau schon berührt, bevor wir das Verheißungsgebet gesprochen haben. Schon Stunden vorher setzte sie sich in ihr Auto und fuhr in Richtung Elternhaus. So ist Gott. Er wusste, dass wir dieses Gebet sprechen würden, noch bevor wir es taten. Und er hatte schon alles in die Wege geleitet, um dieses Gebet des Glaubens zu erhören.

Es gibt wunderbare und mutmachende Gebetsverheißungen in der Bibel. Sie sind wie Gutscheine, die ich bei Gott einlösen kann. Sie sind wie Garantiescheine, auf die ich mich verlassen kann. Sie sind wie Blankoschecks, die ich in bare Münze umsetzen kann. Auf diese Verheißungen darf ich mich stützen, wenn ich bete. Sie darf ich vor Gott aussprechen, wenn ich vor ihm stehe. Auf sie ist hundert Prozent Verlass, denn die Bibel sagt:

> *»Was Gott verheißt, das kann er auch tun.«*
> (Römerbrief 4,21)

Ein starkes Vorbild eines solchen verheißungsorientierten Vertrauens wird uns in der Bibel beschrieben: Abraham. Er hatte ein Lebensanliegen und teilte es mit seiner Frau. Sie wünschten sich einen Sohn, einen Erben, einen Nachkommen. Es schien aussichtslos. Aber eines Nachts weckte Gott Abraham, rief ihn vors Zelt, zeigte ihm den klaren Sternenhimmel und forderte ihn auf, die Sterne zu zählen. Ein geradezu aussichtsloses Unterfangen. Denn je länger Abraham nach oben blickte, um so mehr Sterne schienen aufzuflammen. Da unterbrach Gott nach einiger Zeit den verzweifelt zählenden Abraham und sagte:

> *»So zahlreich sollen deine Nachkommen sein.«*
> (1. Mose 15,5)

Die Bibel berichtet: »Abraham glaubte Gott.« Und er glaubte Gott nicht nur in dieser Nacht und nicht nur am nächsten Tag. Er glaubte Gott auch noch, als Jahre vergangen waren und sich nichts ereignet hatte. Zehn Jahre Glauben. Zwanzig Jahre Glauben. Dreißig Jahre Glauben. Abraham wurde älter und Sara hatte die Wechseljahre längst überschritten. Die Bibel kommentiert:

> *»Abraham hat geglaubt auf Hoffnung, wo nichts zu hoffen war, dass er der Vater vieler Völker werde, wie zu ihm gesagt ist: ›So zahlreich wie die Sterne*

sollen deine Nachkommen sein.‹ Und er wurde nicht schwach im Glauben, als er auf seinen eigenen Leib sah, der schon erstorben war, weil er fast hundertjährig war, und auf den erstorbenen Leib der Sara. Denn er zweifelte nicht an der Verheißung Gottes durch Unglauben, sondern wurde stark im Glauben und gab Gott die Ehre und war völlig überzeugt, dass das was Gott verheißt, er auch tun kann.« (Römer 4,18-21)

Wenn Sie beten, dürfen und sollen Sie, wie Abraham, den Verheißungen Gottes vertrauen.

Die Bibel ist voller Zusagen Gottes. Sie decken den weiten Bereich des geistlichen Lebens ab, aber sie umfassen auch einen wesentlichen Teil des alltäglichen Lebens. Allein im Neuen Testament finden Sie mehr als vierhundert Verheißungen. Und, machen Sie sich das immer wieder bewusst, sie sind keine »Ausstellungsstücke«, sondern Gottes Geschenke an seine Kinder. Auf sie dürfen Sie sich im Gebet berufen.

Oft gestalte ich einen Teil meiner persönlichen Gebetszeit mit göttlichen Verheißungen. Für jeden Tag der Woche habe ich eine spezielle Verheißungsgruppe aus dem Neuen Testament gewählt. Ich nenne das verheißungsorientiertes Gebet. Dabei spreche ich im Gebet Verheißungen aus, die mir plötzlich einfallen oder ich nehme mein Buch »Handbuch der Neutestamentlichen Verheißungen« (4) und orientiere mich an einer Verheißungsgruppe, die durch die jeweilige Situation bedingt ist, z. B. an den Verheißungen, die von der Vollmacht sprechen oder an den Zusagen, die die Liebe Gottes zum Menschen zeigen oder an Zusagen, die von der Geborgenheit reden. Diese Verheißungen Gottes bewege ich in meinem Herzen und verbinde sie mit Dank oder Bitte, mit Lobpreis oder Anbetung. Ich möchte diese Gutscheine Gottes im vollkommenen Vertrauen aussprechen und damit rechnen, dass sie zu Erfahrungen meines Lebens werden. Wie oft schon haben sich unter diesem vom Vertrauen geprägten verheißungsorientierten Beten meine Gefühle positiv verändert, es brach Freude und Hoffnung auf und es wurde mir Antwort auf bedrängende Fragen gegeben.

Lasst uns betend hinzutreten in diesem vollkommenen Glauben, dass Gott alle seine Verheißung erfüllt.

Vertrauen Sie, dass Gott keine Fehler macht.

Vertrauen Sie, dass Gott keine Fehler macht.

Die Beziehung zu Gott und die Gemeinschaft mit ihm wird getrübt und blockiert, wenn Sie verärgert sind, wenn Sie verunsichert sind, wenn Sie verbittert sind über Lebenssituationen, über negative Erfahrungen der Vergangenheit oder der Gegenwart, wenn Sie frustriert sind über unbegreifliche Lebensführungen, wenn Sie in Rebellion und Auflehnung leben. Es sagte einmal jemand: »Rebellion ist der sicherste Weg zum Misserfolg.« Das gilt besonders dann, wenn Sie mit einem rebellierenden oder verbitterten Herzen beten. Sie sollen und Sie dürfen vollkommen darauf vertrauen,

> *»dass denen, die Gott lieben, wirklich alle Dinge zum Besten dienen«* (Römer 8,28)

und dass Jesus Christus, weil er der gute Hirte ist, Sie

> *»auf rechter Straße führt«* (Psalm 23,3).

Gott plant in unser Leben gelegentlich Ereignisse ein, die uns zunächst rätselhaft erscheinen, die uns sinnlos und absurd vorkommen, die unser Leben scheinbar einengen und die Lebensqualität vermindern. Das können Krankheiten sein, berufliche oder familiäre Schwierigkeiten. Das können Intrigen sein oder auch tiefe Verletzungen. In solchen Situationen ist dann für mich ein Vergleich hilfreich. Ich stelle mir mein Leben wie ein noch unvollendetes Gemälde vor. Der Künstler dieses Gemäldes ist Gott. Er ist Tag für Tag am Werk. Er malt die Striche. Er bestimmt die Formen. Er wählt die Farben. Dabei wird er nicht nur helle Farben auftragen, sondern auch dunkle Farben benutzen. Ein Bild nur in gelb, oder nur in hellblau – wer würde das anziehend finden? Es wäre »farblos«, es wäre fade und nichtssagend. Auch dunkle Farben gehören zu einem bewundernswerten Kunstwerk, und diese dunklen Striche und Flächen vergleiche ich mit den rätselhaften Führungen des Lebens. Aber, und darauf vertraue ich, es ist Gott, der »Meistermaler«, der am Werk ist. Darum ist unbestreitbar: dieses Gemälde wird keine sinnlose und wirre Darstellung, sondern ein Werk, das den Meister ehrt.

Das will ich vor Augen haben, wenn ich bete. Damit will ich alle negativen Gedanken, alle Bitterkeit und Rebellion besiegen. Ich will vertrauen, dass Gott keine Fehler macht.

Erst kürzlich wurde ich genau an diesem Punkt wieder beschämt und korrigiert. Wir, meine Frau und ich, wollten unsere kranke Mutter besuchen. Dreihundert Kilometer mussten zurückgelegt werden. Aber zuvor war noch etwas in Stuttgart zu erledigen. Pünktlich starteten wir. In Stuttgart jedoch haben wir uns, obwohl ich mich verhältnismäßig gut auskenne, verfahren. Wir kurvten 20 Minuten irgendwo herum. Einbahnstraßen, Sackgassen – es war mehr als ärgerlich, denn wir verloren dadurch kostbare Zeit. Ich habe dann auch meinem Ärger Luft gemacht und schimpfte vor mich hin. Endlich, wenn auch mit Verspätung, waren wir auf der Autobahn. Es wurde eine zügige Fahrt bis kurz vor Nürnberg. Dort blieben wir in einem Stau stecken. Als es nach 15 Minuten immer noch nicht vorwärts ging und auch keine Staumeldung die Lage schilderte, fuhren wir, weil wir nur wenige Meter vor einer Ausfahrt standen, eine Umgehungsstrecke. Als wir bereits wieder auf der Autobahn waren, hörten wir die Staumeldung: »Vollsperrung der A 6 durch einen Unfall.« Und diese Sperrung beider Fahrspuren dauerte, wie wir später feststellten, mehrere Stunden. Wenn wir uns in Stuttgart nicht verfahren hätten, und 20 Minuten früher auf die Autobahn gekommen wären, wären wir in jenem kilometerlangen Stau stecken geblieben, ohne die Möglichkeit einer Abfahrt. Gott aber arrangierte es so, dass wir kurz vor einer Ausfahrt im Stau stecken blieben und ihm dann ausweichen konnten. Die unfreiwillige Irrfahrt in Stuttgart war geplant. Dadurch hat uns Gott vor einem stundenlangen Warten auf der Autobahn bewahrt. Nicht Schimpfen, sondern Danken während der Irrfahrt in Stuttgart wäre die richtige Reaktion gewesen. Aber ich hatte wieder einmal nicht damit gerechnet, dass

> *»denen die Gott lieben, alle Dinge zum Besten dienen«* (Römer 8,28),

und dass Gott keine Fehler macht.

»Herr, erhöre mich!«

»Herr, erhöre mich!«

Immer wieder fasziniert mich der biblische Bericht von Elia, der ein *»vom völligen Glauben«* geprägtes Handeln und Beten schildert. Elia, der Prophet Gottes, litt unsagbar darunter, dass das Volk Gottes dem Gott Abrahams, Isaaks und Jakobs, dem Gott der Väter und der Bibel, den Rücken kehrte und sich an den Götzen Baal hängte. Nach einer dreieinhalbjährigen Dürre kam es auf dem Berg Karmel zu einer entscheidenden Konfrontation zwischen Elia und den Priestern Baals. Es war ein ziemlich ungleiches Duell. Auf der einen Seite standen 450 Prieser des Götzen Baal und auf der anderen Seite stand nur ein Mann, Elia. Wer würde gewinnen? Diese Sensation wollte sich keiner entgehen lassen. So strömten die Massen zu jenem Berg der Entscheidung.

Als Elia das Volk sah, rief er ihnen zu:

> *»Wie lange schwankt ihr noch hin und her? Entweder ist der Herr der wahre Gott, dann erweist ihm die Ehre! Oder es ist Baal, dann gehorcht ihm!«* (1. Könige 18,21)

Aber das Volk blieb stumm. Da machte Elia den Vorschlag, zwei junge Stiere als Opfer zuzubereiten. Die Priester Baals sollten einen Stier auswählen, ihn zerlegen und auf ihrem Altar darbringen. Elia wollte das Gleiche tun. Keiner sollte die Holzscheite anzünden. Die Priester Baals sollten zu ihrem Gott rufen und ihn um das Feuer bitten. Und Elia wollte den Gott Israels bitten, mit seinem Feuer das Opfer zu verzehren. Das Volk war begeistert von diesem Vorschlag.

Dann begann die Zeremonie. Elia ließ den Priestern Baals den Vortritt. Sie durften zuerst ihr Opfer für Baal bereiten. Als alles gerichtet war, begannen die 450 Männer zu Baal zu rufen. Sie tanzten beschwörend und schreiend um ihr Opfer. Stunden vergingen. Der Mittag kam. Die Sonne brannte vom Himmel. Da wurde Elia zynisch. »Lauter müsst ihr rufen«, spottete er. »Euer Gott scheint in Gedanken versunken zu sein. Oder vielleicht ist er gerade auf Reisen. Es kann auch sein, dass er seinen Mittagsschlaf hält. Ihr solltet noch etwas lauter rufen.«

Die Bibel berichtet:

> *»Sie schrien immer lauter und ritzten sich nach ihrem Brauch die Haut mit Schwertern und Speeren, dass das Blut an ihnen herabfloss; sie führten sich wie Irrsinnige auf. So trieben sie es den ganzen*

Nachmittag, bis zur Stunde des Abendopfers. Aber alles blieb still, kein Echo kam, keine Antwort.«

Am Abend trat dann Elia vor das Volk. Er forderte alle auf, jetzt zu ihm zu kommen. So drängten sich die Menschen zu Elia. Im völligen Vertrauen, dass Gott antworten würde, baute er einen Altar aus zwölf großen Steinen. Danach zog er rings um den Altar einen breiten Graben. Er schichtete die Holzscheite auf den Altar und zerlegte den Stier. Als alles bereit war, forderte er einige auf, Wasser zu holen. Er selbst goss dann Eimer um Eimer auf das Opfer. Das Wasser floss über das Opfer und füllte schließlich den ganzen Graben. Staunend sahen die Menschen zu. Dann kam der unglaublich spannende Augenblick: Elia trat vor den Altar. Seine Blicke richteten sich nach oben. Er hob seine Hände zum Himmel und betete das Gebet des Glaubens:

»Herr, du Gott Abrahams, Isaaks und Jakobs! Alle sollen heute erfahren, dass du der Gott Israels bist und ich dein Diener, der dies alles in deinem Auftrag getan hat. Höre mich, Herr, erhöre mich! Dieses Volk soll erkennen, dass du, Herr, der wahre Gott bist und dass du sie wieder auf den rechten Weg zurückbringen willst.«

Da geschah es! Feuer fiel vom Himmel wie ein Blitz. Das Opfertier verbrannte. Unter der Glut schmolzen sogar die Steine des Altars. Erde verbrannte. Das Wasser verdampfte.

Überwältigt warfen sich die Menschen auf den Boden und riefen immer und immer wieder:

»Der Herr ist Gott, der Herr ist Gott!«

Es kann sein, dass Sie nach diesem erstaunlichen

Bericht und im Blick auf das glaubensstarke Gebet des Propheten Elia sagen: »Nun, Elia war eben einer der ganz großen Glaubensstars der Bibel. Mit ihm kann ich mich als normaler Christ nicht vergleichen. Das wäre Anmaßung. Das wäre Hybris. Hören Sie bitte, was die Bibel Ihnen darauf antwortet:

> *»Elia war ein schwacher Mensch wie wir; und er betete ein Gebet ...«*

Was war die wahre Stärke Elias? Er betete im völligen Glauben zu dem Gott, der Realität ist. Keine Frage: Auch die Baalspriester beteten im völligen Glauben. Im Glauben tanzten sie wie verrückt um ihr Opfer. Im Glauben brüllten sie. Im Glauben ritzten sie sich die Haut mit Schwertern und Speeren auf bis das Blut floss. Im Glauben trieben sie dieses wilde Theater vom Morgen bis zum Abend. Aber ihr Glaube war Nonsens, weil ihr Gott eine fixe Idee war, eine bloße Einbildung. Elias Gott war Realität und Elias Gott ist unser Gott, der Vater des Herrn Jesus Christus. Darum ...

> *»Lasst uns hinzutreten in vollkommenem Glauben«.*

Elia tat es und so wurde er ein Kämpfer des Gebets. Auch wir sind dazu aufgerufen.
Ich erinnere mich noch sehr genau an eine Situation, in der ich ein ähnliches Gebet sprach wie Elia. Es war in der Mitte einer evangelistischen Woche. Einige einflussreiche Leute der Gemeinde, besonders der Chorleiter, beobachteten meine zu Christus rufende Verkündigung sehr kritisch. An einem Abend kam es dann nach einem Vortrag zu einer offenen Auseinandersetzung. Ich hatte über das

Thema: »Die Frage nach dem Sinn des Lebens« gesprochen. Dabei habe ich drei Aussagen gemacht und sie an Hand der Bibel erklärt:

- Jeder Mensch wird im Laufe des Lebens in Krisen geführt, die von der Frage nach dem Sinn des Lebens ausgelöst werden.
- Die Sinnfrage des Lebens kann ohne aufrichtiges Fragen nach Gott und nach seinem Willen nicht beantwortet werden.
- Sinnvolles Leben erhält der Mensch nicht allein durch Hören und intellektuelles Zustimmen, sondern durch eine persönliche Bindung an Jesus Christus.

Dabei habe ich keine philosophischen Argumente genannt und keine psychologischen Tipps gegeben. Ich zitierte die Bibel zu oft und, was das Wasser zum Kochen brachte, ich rief die Zuhörer dazu auf, sich Jesus Christus klar und kompromisslos anzuvertrauen.

Von der daraus folgenden Auseinandersetzung hörte ich nur über den Gemeindepastor. »Stell dir vor«, berichtete er aufgeregt und ärgerlich, »der Chorleiter möchte an den Abenden den Chor nicht mehr dirigieren.« Ahnungslos sagte ich: »Das wird den missionarischen Abenden keinen Abbruch tun. Ich greife zu meiner Gitarre.« Damit hatte ich aber auch bei meinem Amtskollegen ins Fettnäpfchen getreten. Kurz, er ermahnte mich, an den kommenden Abenden die Vorträge intellektueller anzugehen und weniger direkt zu sein.

Am nächsten Tag nahm ich mir viel Zeit zum Gebet. Ich habe das nicht einfach zur Seite gewischt, was ich da hörte. Aber ich wollte auch an der Klarheit des Evangeliums keine Abstriche machen. Und in dieser Gebetszeit betete ich immer wieder das Gebet, das Elia auf dem Karmel sprach:

»Herr, du Gott Abrahams, Isaaks und Jakobs! Alle sollen heute erfahren, dass du der Gott Israels bist und ich dein Diener, der dies alles in deinem Auftrag getan hat.«

Und je länger ich im Gebet mein Herz vor Gott ausschüttete, um so mehr wuchs der Glaube und der Mut, klar und kompromisslos auch an diesem Abend zu Jesus zu rufen. Und Gott hat in wunderbarer Weise das Gebet erhört und mich als seinen Boten bestätigt. Als ich nach meiner Ansprache zur Entscheidung für Jesus aufrief und die Zuhörer bat, diesen Schritt mit einem öffentlichen Vortreten zu bezeugen, standen viele, besonders viele Jugendliche auf und traten an den Altar. Unter ihnen waren auch die beiden Söhne des Chorleiters.

Bill Hybels schreibt in seinem Buch »Aufbruch zur Stille«: »Ein Kämpfer des Gebets ist jemand, der davon überzeugt ist, dass Gott allmächtig ist – dass Gott die Macht hat, alles zu tun, jeden zu verändern und in jeder Situation einzugreifen. Jemand mit diesem Glauben weigert sich, an Gott zu zweifeln.« (5)

Dieser Glaube ist der zweite Schritt, der uns in die Gegenwart Gottes führt. Ein Schritt, der immer wieder eingeübt werden muss. Ein Schritt, bei dem wir aufgefordert werden, nicht auf

> *»das Sichtbare, sondern auf das Unsichtbare zu sehen«* (2. Korinther 4,18).

Der Schritt des völligen Vertrauens ist ein Schritt, der uns dem Vaterherzen Gottes näher bringt.

Dritter Gebetsschritt:

Weihe

»Nimm du mich ganz hin«

Ich kann nicht sagen, dass ich ein begeisterter Frühaufsteher bin. Allerdings war mir, als ich meine Entscheidung für Jesus traf, von Anfang an klar: Am Tagesbeginn darf nicht der Druck auf den UKW-Knopf stehen. Der Tagesstart darf nicht der Griff nach irgendeinem Buch oder der Zeitung sein. Der Tagesstart darf nicht das Frühstück oder ein Fitness-Programm sein. Ich wollte den Tag, jeden Tag, mit Jesus beginnen, mit einem Gespräch mit Gott. Ich gebe zu, dass das nicht immer geklappt hat, und dass das auch nicht immer möglich war. Aber es war mein fester Entschluss. Irgendwann hatte ich dann auch in der Bibel den Satz gelesen:

> *»... damit er – Jesus – in allem der Erste sei.«*
> (Kolosser 1,18)

Und das wollte ich. Jesus Christus sollte an jedem neuen Tag der Erste sein.

Immer wieder werde ich, wenn ich davon spreche, von Christen gefragt, wie ich meine Gebetszeit am Morgen gestalte. Nun liegt es mir fern, an dieser Stelle Regeln zu nennen. Aber von einem spreche ich, wenn ich so gefragt werde, immer: von der täglich neuen Hingabe an Jesus Christus. Ich weihe mich jeden Tag neu im Gebet Jesus Christus, und das ist ein wesentlicher Bestandteil meines geistlichen Starts in den Tag. »Gebet und Hingabe sind wie Seele und Leib, wie Herz und Leben miteinander verbunden. Es gibt kein wirkliches Gebet ohne Hingabe und es gibt keine echte Hingabe ohne Gebet.« (6)

Geist

Dabei beginne ich mit dem Raum meines Geistes und bringe meine Sehnsucht zum Ausdruck, heute mit dem Geist Gottes erfüllt zu sein.

Seele

Ich nenne die Bereiche meiner Seele,

- mein *Denken*, mein Gedächtnis, meine Konzentrationsfähigkeit, meine Kombinationsfähigkeit und bitte Jesus Christus, dass er das alles zu seiner Ehre und zur Hilfe für Menschen gebraucht.
- Ich spreche von meinem *Willen*, und sage Jesus Christus, dass ich heute das tun will, was seinem Willen entspricht.
- Ich öffne ihm den Raum meiner *Gefühle* und bitte ihn um Bewahrung. Ich will nicht von meinen Gefühlen bestimmt werden. Ich will, dass meine Gefühle ihm dienstbar sind.

Und am Ende weihe ich ihm meinen Körper. Er soll auch an diesem Tag ein Tempel des Heiligen Geistes sein.

- Dabei halte ich meine Hände empor und bitte Jesus, sie heute zu heiligen.
- Ich berühre meine Lippen und bitte ihn, sie zu gebrauchen.
- Ich öffne meine Augen und sage ihm, dass ich mich danach sehne, heute Menschen und Dinge so zu sehen, wie er sie sieht.
- Ich spreche von meinen Ohren, und sage, dass ich heute das hören will, was hörenswert ist und überhören, was wertlos oder schädlich ist.
- Ich deute auf meine Füße und denke dabei an den Missionsauftrag:

> *»Gehet hin ... und predigt das Evangelium«* (Markus 16,15).

Am Ende dieser Weihezeit bete ich: »Herr Jesus Christus, ich gebe dir jetzt wieder das Recht, mich zu gebrauchen wo und wie du willst, ohne mich zu fragen. Jeder Strom meiner Gedanken und jede Zelle meines Körpers soll dir zur Verfügung stehen. Ich möchte dir ungeteilt gehören. Mache mit mir, was du willst.«

Zu dieser täglichen Weihe ermutige ich auch Sie. Sie kann ihr Leben noch einmal völlig verändern.

In diesem Kapitel will ich ausführlich über diesen Akt der persönlichen Weihe sprechen. Dabei berufe ich mich auf den dritten Gebetsschritt:

> *»Lasst uns hinzutreten besprengt in unseren Herzen.«* (Hebräer 10,22)

Beachten Sie bitte dazu einen erklärenden Text aus dem 9. Kapitel des Hebräerbriefes:

> *»Als Mose alle Gebote gemäß dem Gesetz allem Volk gesagt hatte, nahm er das Blut von Kälbern und Böcken mit Wasser und Scharlachwolle und Ysop und besprengte das Buch und alles Volk und sprach* (2. Mose 24,8): *›Das ist das Blut des Bundes, den Gott euch geboten hat.‹ Und die Stiftshütte und alle Geräte für den Gottesdienst besprengte er desgleichen mit Blut.«* (Hebräer 9,19-21)

Ich möchte Ihre Aufmerksamkeit auf eine spezielle und wesentliche Handlung lenken. Mose vollzog sie bei der Einweihung der Stiftshütte, des Wanderheiligtums. Er nahm Geräte, ganz normale »Alltagsgeräte«, Geräte, die man auch in einer Küche benützen konnte, Pfannen und Schalen, Messer und Gabeln und besprengte sie im Heiligtum mit Blut. Das war ein Akt der Heiligung, ein Akt der Weihe. Durch die Besprengung mit Blut wurden diese Gegenstände Gott geweiht und dadurch brauchbar gemacht für den Dienst im Heiligtum, zuerst in der Stiftshütte und später im Tempel. Diese Handlung der Weihe veränderte zwar nicht die Gegenstände, Material und Form blieben gleich, aber sie veränderte deren Gebrauch. Sie wurden dadurch zu geweihten Gefäßen und Geräten und standen nun ausschließlich Gott zur Verfügung. Wenn ein Gegenstand im Tempel verwendet werden sollte, dann war eines Vorbedingung: Der

Gegenstand musste in einer Weihehandlung mit Blut besprengt werden. Unwesentlich war das Material, es konnte Gold, Silber oder Kupfer sein und unwesentlich war die Form des Gerätes. Die Weihe war der entscheidende Faktor. Ich unterstreiche das noch einmal: Ein Priester durfte nicht einfach eine Pfanne von Zuhause mitbringen und sie im Tempel verwenden, um sie dann später wieder im Privatbereich einzusetzen. Auch das schönste und wertvollste Gefäß wäre ohne diese »Besprengung mit Blut«, ohne diesen Akt der Weihe, unbrauchbar gewesen, ja mehr noch, die Verwendung eines solchen nicht vom Priester geweihten Gefäßes wäre ein eklatanter Verstoß gegen die Ordnung Gottes gewesen.

Gefäße für Gott

Auf diesem Hintergrund ist es sehr interessant, dass die Bibel Christen mit Gefäßen vergleicht. Der Apostel Paulus schreibt:

> *»Damit Gott den Reichtum seiner Herrlichkeit kundtue an den Gefäßen der Barmherzigkeit, die er zuvor bereitet hatte zur Herrlichkeit. Dazu hat er uns berufen, nicht allein aus den Juden, sondern auch aus den Heiden.«* (Römer 9,23.24)

Bringen Sie bitte diesen Vergleich, »Christen sind Gefäße«, mit dem oben Gesagten in Verbindung. Das Stichwort dazu ist: *»... und alle Geräte besprengte Mose mit Blut.«*

Wenn Sie in dem dritten Gebetsschritt lesen, dass der Christ »besprengt« sein soll in seinem »Herzen«, dann ist das mit diesem Akt der Weihe vergleichbar. Das ganze Leben des Christen soll Jesus Christus geweiht sein. Darum finden Sie an dieser Stelle den Begriff »Herz«. Das »Herz« ist nach der Deutung der Bibel die Zentrale des Menschen, die Darstellung aller Lebensbereiche. Das Herz, Ihr Herz, soll, ich verwende das Bild aus dem Tempelgeschehen, mit Blut besprengt werden, also Gott geweiht sein. Diese »Weihe«, Sie können auch von Hingabe sprechen, ist ein Gebetsschritt, der uns brauchbar macht für Gott.

- Wie ganz anders würde bei vielen, die sich für Jesus Christus entschieden haben und ihm nachfolgen, das Leben aussehen, wenn sie diese Weihe bewusst Tag für Tag im Gebet realisieren würden.
- Wie viel spannender und klarer wären die Schritte im Einzelnen, wenn Christen in jeden neuen Tag starten würden mit dieser Weihe von Geist, Seele und Leib.
- Wie viel mehr könnte Gott die Begegnungen und Gespräche segnen und zu seiner Verherrlichung gebrauchen, wenn Kinder Gottes sich beim Einstieg in den Tag neu Jesus Christus zur Verfügung stellen würden.

Es wäre eine Explosion der Liebe in unserer kalten Welt. Es wäre eine Revolution des Sieges für die Sache Gottes. Es wäre eine Erfüllung des Lebens, die eine Welle der Freude, der Dankbarkeit und der Ausstrahlung auslösen würde.

Viele sehnen sich nach einem geistlichen Durchbruch in unserem Land. Viele beten um Erweckung, sie leiden darunter, dass so wenig Interesse für Gott unter den Menschen zu finden ist. Diese Weihe könnte die Initialzündung für eine geistliche Wende sein. Wenn viele Christen sich in unserem Land Morgen für Morgen und Tag für Tag Jesus Christus neu und ergriffen hingeben würden, dann könnte es diesen ersehnten Durchbruch zu einer Erweckung geben.

An die Christen, die in Kleinasien lebten, schrieb der Apostel Petrus einen Satz, der dieses Bild der Besprengung mit Blut, diesen Akt der Lebensweihe, unterstreicht:

> *»An die ... die Gott, der Vater, ausersehen hat, durch die Heiligung des Geistes zum Gehorsam und zur Besprengung mit dem Blut Jesu Christi.«*
> (1. Petrusbrief 1,1.2)

Was mich seit Monaten bewegt, was mich durch jeden Tag begleitet und bei allen Handlungen und Gesprächen vor mir steht ist ein Satz von Robert Murray McCheyne, einem Mann, der Gebet zu seiner Hauptaufgabe gemacht hat. Er schrieb: »Trachte nach einem geheiligten Leben, denn deine ganze Brauchbarkeit hängt davon ab.« (7)

Ich weiß, dass ich hier schon oft schuldig geworden bin. Ich habe manches schleifen lassen. Ich war da und dort oberflächlich. Ich habe mich zu schnell auf die Vergebung der Sünden berufen. Stellen Sie das bei sich auch fest? Machen Sie diese Entdeckung auch, wenn Sie Ihr Christsein überdenken? Dann ist Umkehr das Gebot der Stunde.

Gott geweihtes Leben ist geheiligtes Leben. Nur auf diesem Weg kann Sie Gott zu einem Menschen machen, der anziehend ist, der eine geistliche Ausstrahlung hat. Nur dadurch wird Ihnen die Liebe und der Mut, die Offenheit und Opferbereitschaft geschenkt, die Sie zu einem Menschen machen, den Gott gebrauchen kann.

Für die Praxis

Es geht also um die tägliche Weihe des Lebens. Wie kann das praktisch geschehen? Ich sprach bereits davon, dass diese »Weihe«, diese neue Hingabe an Jesus, ein wesentlicher Teil der Zeit ist, die ich normalerweise am Beginn eines jeden Tages in der Gegenwart Gottes verbringe. Dabei habe ich den biblischen Satz aus dem 1. Thessalonicherbrief vor Augen:

> *»Er aber, der Gott des Friedens heilige euch durch und durch und bewahre euren Geist samt Seele und Leib ...«* (1. Thessalonicher 5,23)

Das hier beschriebene Persönlichkeitsbild des Menschen – Geist, Seele, Leib – bietet eine praktische Anleitung für diesen dritten Schritt des Gebets.

1. Die Weihe des Geistes

Der Geist ist im Menschen der »Raum«, in den der Geist Gottes kommt, wenn der Mensch sich Jesus Christus übereignet. Im Geist eines jeden wiedergeborenen Christen wohnt der Heilige Geist. Diese Grundaussage der Bibel muss zuerst klar erkannt werden. Die Christen in Korinth schienen das vergessen zu haben. Der Apostel Paulus schrieb ihnen darum eindrücklich, geradezu beschwörend:

> *»Wisst ihr nicht, dass ihr Gottes Tempel seid, und der Geist Gottes in euch wohnt?«*
> (1. Korinther 3,16)

Später greift Paulus dieses Thema noch einmal auf und schreibt:

> *»Wisst ihr nicht, dass euer Leib ein Tempel des heiligen Geistes ist, der in euch ist und den ihr von Gott habt, und dass ihr nicht euch selbst gehört?«* (1. Korinther 6,19)

Gottes heiliger Geist wohnt in denen, die sich Jesus anvertraut haben – und das hat natürlich Konsequenzen.

Gottes Geist macht keine Besuche

Gottes Geist kommt nicht nur gelegentlich einmal zu Besuch in unser Innerstes, wie ein wertvoller Gast, sondern er wohnt in uns. Gottes heiliger Geist muss auch nicht immer wieder durch Gebet aufgefordert werden, in uns Wohnung zu nehmen, sondern er wohnt in uns. Leider gibt es auf diesem Gebiet viele falsche und verwirrende Ansichten. Dazu tragen auch christliche Lieder bei, wie zum Beispiel die beiden Pfingst-Choräle: »Komm, Schöpfer Geist, kehr bei uns ein und lass uns deine Wohnung sein.« Oder: »O komm, du Geist der Wahrheit und kehre bei uns ein.« Es ist doch logisch: Entweder der Geist Gottes wohnt in uns, oder wir müssen ihn erst bitten und immer wieder bitten, in uns zu wohnen.

Stellen Sie sich bitte folgende Szene vor: Ich sitze in unserem Wohnzimmer und lese. Meine Frau ist ebenfalls in diesem Raum und macht sich Notizen über einen Bibeltext. Plötzlich rufe ich nach ihr ohne von meinem Buch aufzusehen. Verwundert sagt sie: »Ich bin doch da!« Lachend sage ich: »O, ich war so vertieft, dass ich dich gar nicht bemerkt habe.«

Es ist sinnlos, nach jemand zu rufen, der schon da ist. Ich wende das Bild auf den Heiligen Geist an. Er wohnt seit dem »Tag« in Ihnen, an dem Sie Ihre Entscheidung für Jesus Christus getroffen haben und von neuem geboren wurden. Darum ist es absurd und bringt nur Verwirrung, wenn Sie singen oder bitten »Komm, Heilger Geist, kehre bei uns ein«. Klare Lehre führt zu klaren Vorstellungen. Unklare Lehre verunsichert und verwirrt.

Nun kann es ja sein, dass Sie, wie in dem oben erwähnten Beispiel geschildert, sich nicht bewusst sind, dass der Geist Gottes in Ihnen wohnt, oder dass Sie das vergessen haben. Was werden Sie normalerweise tun? Wenn Sie es ernst mit Ihrem Christsein nehmen, dann werden Sie um den Heiligen Geist bitten. Sie wünschen und hoffen, dass er in das Zentrum Ihres Lebens kommt. Obwohl er in Ihnen ist, werden Sie ihn bitten zu kommen und Sie werden immer wieder diese Bitte aussprechen. Sie tun dabei etwas, was nicht nur sinnlos ist, sondern was Ihr geistliches Leben geradezu blockiert. Denn wenn Sie wüssten, dass Gottes Geist in Ihnen wohnt, würden Sie mit ihm rechnen. Sie wären begeistert. Sie wären voll Freude. Sie würden das Christsein als Abenteuer erleben. So aber rechnen Sie nicht mit dem in Ihnen wohnenden Heiligen Geist.

- Sie rechnen nicht damit, dass er Sie führt. Sie sind verunsichert.
- Sie rechnen nicht damit, dass er Sie befähigt. Sie sind zaghaft und ängstlich.
- Sie rechnen nicht damit, dass er Sie mit seiner Liebe beschenkt. Sie bauen auf Ihre Gefühle.
- Sie rechnen nicht damit, dass er Sie bevollmächtigt. Sie denken und sagen immer wieder, dass Sie das nicht können.

Tragisch! In Ihnen wohnt die dritte Person der Gottheit, aber Sie leben so, als wäre sie nicht da. Das ist das Problem vieler Christen. Sie leben wie der Mann, der auf Sozialhilfe angewiesen war, während in einer geerbten Bibel hunderttausend Dollar lagen. Aber er wusste es nicht. Er hatte das Testament seines Onkels nur oberflächlich gelesen. Dort stand: »Hiermit vermache ich meinem Neffen die Familienbibel mit allem, was sie enthält.« Aber diese Bibel lag mehr als dreißig Jahre verstaubt in einem Bücherregal. Erst im hohen Alter, als er umziehen musste und dabei zufällig die Bibel öffnete, entdeckte er seinen Reichtum.

Entdecken Sie den Schatz des Heiligen Geistes in Ihnen nicht erst, wenn Ihr Leben schon zum großen Teil gelaufen ist. Davor will Sie Gottes Wort bewahren. Aus diesem Grund lesen wir in der Bibel:

> *»Wisst ihr nicht, dass ihr Gottes Tempel seid, und der Geist Gottes in euch wohnt?«*
> (1. Korinther 3,16)

Moment, sagen Sie vielleicht, sagt nicht Jesus Christus zu seinen Jüngern:

> *»Wenn nun ihr, die ihr böse seid, euren Kindern gute Gaben geben könnt, wie viel mehr wird der Vater im Himmel den Heiligen Geist geben denen, die ihn bitten.«* (Lukas 11,13)

»Jesus fordert doch hier seine Jünger dazu auf, um den Heiligen Geist zu bitten. Sie aber haben gerade das Gegenteil geschrieben. Wie kann ich das verstehen?«

Beachten Sie bitte, wann Jesus Christus seinen Jüngern das gesagt hat: Es war vor Pfingsten, also vor der Ausgießung des Heiligen Geistes. Vor Pfingsten musste man um den Geist Gottes bitten. Und er wurde denen, die das taten, für ganz bestimmte Aufgaben und für eine begrenzte Zeit gegeben. Mit Pfingsten aber begann ein neuer Abschnitt in der Geschichte Gottes mit den Menschen. Der Geist Gottes wurde und wird denen gegeben, die Jesus als Retter und Herrn annahmen und aufnahmen. So wurde *ihr* Leib und so wird *unser* Leib zum Tempel des Heiligen Geistes.

Vom Geist erfüllt

Etwas völlig anderes ist es jedoch, wenn der Apostel Paulus an die Christen in Kleinasien schreibt:

> *»Lasst euch vom Geist erfüllen.«* (Epheser 5,18)

Gottes Geist wohnt zwar in jedem Christen, aber das heißt noch nicht, dass jeder Christ auch vom Heiligen Geist erfüllt ist. Erfüllung ist Durchdringung und Entfaltung. Ich kann Gottes Geist durch Sünde, Egoismus und Selbstverwirklichung an dieser Durchdringung und Entfaltung hindern. Darum soll und muss das die Sehnsucht jedes Christen sein, dass der Heilige Geist, der in ihm wohnt, ihn auch erfüllen kann.

- Es muss das Anliegen jedes Christen sein, dass sich die Kraft des Heiligen Geistes in ihm manifestieren kann, denn der Heilige Geist ist ein *»Geist der Kraft«* (2. Timotheus 1,7).
- Es muss das Begehren jedes Christen sein, dass sich die Liebe des Heiligen Geistes in ihm ausbreiten kann, denn er ist ein *»Geist der Liebe«* (2. Timotheus 1,7).

- Es muss der Wunsch jedes Christen sein, dass die Besonnenheit des Heiligen Geistes sein Leben prägen kann, denn er ist ein *»Geist der Besonnenheit«* (2. Timotheus 1,7).

Wenn Sie sich Jesus im Gebet weihen, dann geht es um diese göttlichen Qualitäten. Gottes Geist soll in Ihrem Geist mehr und mehr Raum gewinnen. Kraft, Liebe und Besonnenheit sollen in Ihnen zunehmen.

Ich weihe Jesus Christus meinen Geist, dass Gott ihn so umformt und prägt wie er ihn haben will.

- Ich spreche die Bitte aus, dass der Heilige Geist mich heute erfüllt.
- Ich spreche die Bitte aus, dass der Heilige Geist mich heute führt.
- Ich spreche die Bitte aus, dass der Heilige Geist mir heute die Fähigkeit gibt, die verschiedenen Situationen des Tages geistlich zu beurteilen, geistlich zu verarbeiten und geistlich zu bewältigen.
- Ich spreche die Bitte aus, dass ich geistesgegenwärtig reagiere, dass ich unter der Inspiration des Heiligen Geistes rede und handle.

Es ist mein Wunsch, dass Gottes Geist sich in mir wohl fühlt. Ich möchte, dass alle Türen in meinem Innern für ihn offen stehen. Ich will, dass er sich ungehindert in mir verwirklichen kann. Mein Geist soll für den Heiligen Geist kein Gefängnis sein, kein mit Unrat und Gerümpel gefüllter Abstellraum, sondern eine helle, freundliche und geschmackvolle Wohnung, Räume, die er gestalten und füllen kann. Sein »Interieur« soll in meinem Geist zu sehen sein:

> *»Der Geist Gottes bringt in unserem Leben nur Gutes hervor: Liebe und Freude, Friede und Geduld, Freundlichkeit, Güte und Treue, Sanftmut und Keuschheit.«* (Galater 5,22)

In diesem Sinn heißt »Weihe des Geistes« Hingabe des menschlichen Geistes an den Heiligen Geist. Beginnen Sie mit dieser Weihe an jedem neuen Tag. Nehmen Sie sich dazu Zeit.

2. Die Weihe der Seele

Was ist Seele? Welche Funktionen hat sie? Wie ist sie »gestaltet«? Zunächst einige kurze Erklärungen zu diesen Fragen, die mir in Bezug auf die Seele immer wieder gestellt werden. Sie sind deswegen wichtig, damit Sie beim Nennen des Begriffs Seele keine nebulösen Vorstellungen haben, sondern sich ein verständliches Bild machen können.

Sie können die Seele mit einem Bungalow vergleichen. Alle Räume liegen auf einer Ebene: Das modern eingerichtete Büro des Verstandes. Der Konferenzraum des Willens. Das Wohnzimmer der Gefühle. Verstand, Wille und Gefühl, also Denken, Wollen und Fühlen, sind Regungen und Äußerungen, die sich in den Wohn- und Arbeitsräumen der Seele ereignen. Sie denken in Ihrer Seele. Sie treffen Entscheidungen in Ihrer Seele. Und alle Gefühle, alle Gemütsregungen spielen sich in Ihrer Seele ab. Diese jederzeit zugänglichen Räume der Seele nennt man Bewusstsein. In diesen »Zimmern« sind alle Informationen enthalten, zu denen Sie jederzeit Zugriff haben.

Der Bungalow, den ich als Vergleich für unsere Seele herangezogen habe, ist auch unterkellert und die Tür zu diesem mehrräumigen Keller ist normalerweise verschlossen. Die Kellerräume der Seele vergleiche ich mit dem Unterbewusstsein. Hier ist alles aufbewahrt und gespeichert, was Sie in Ihrem bisherigen Leben erlebt, gehört und gefühlt haben. Hier ist alles gespeichert, was Sie gedacht, geredet und getan haben. Es sind Milliarden von Informationen, alle Erlebnisse und Empfindungen, die Ihnen nicht mehr bewusst sind. Wir verwenden dafür den Begriff »vergessen«. Sie haben zwar vieles vergessen, aber es ist nicht ausgelöscht oder verloren. Dort ist alles aufbewahrt und einiges davon dringt gelegentlich in unser Bewusstsein. Dabei wird die »Kellertür« ein wenig geöffnet und wir erhalten in solchen Augenblicken einen bruchstückhaften Einblick in längst vergessene Ereignisse der Vergangenheit. So kann ein Kindheitserlebnis in einem Traum in unser Gedächtnis zurückgelangen. Es verlässt, ich spreche im Bild, den Kellerraum der Seele und befindet sich im uns zugänglichen »Wohnraum«. Aus dem Unterbewusstsein kommt etwas in unser Bewusstsein.

Alle diese Informationen und Erlebnisse, die Bewussten und die in Vergessenheit geratenen, prägen unser Leben, bestimmen unsere Gefühle und beeinflussen unsere Reaktionen. Sympathie und

Antipathie, Zustimmung oder Ablehnung, Liebe und Hass werden weitgehend davon gesteuert. Und es ist, wenn Sie ernsthaft darüber nachdenken, entscheidend, dass das alles unter die Herrschaft von Jesus Christus kommt, unter die Kontrolle und Steuerung des Heiligen Geistes.

Sie können sich sicher vorstellen, wie zerstörend es sich auswirkt, wenn sich diese Informationsflut der Seele, das Unbewusste und das Bewusste, verselbstständigt und den Menschen bestimmt, wenn es das Leben beherrscht und prägt. Die tägliche Weihe an Jesus kann Sie davor bewahren. Und dazu gehören auch die Abstellkammern, in denen die Verwundungen aus der Kindheit, der Teenager- und der Jugendzeit herumliegen, die, die Sie vergessen haben und die, an die Sie sich noch genau erinnern und die Sie vielleicht zu verdrängen versuchen. Das alles kann und will Jesus heilen. So ist die tägliche Weihe zugleich eine wirkungsvolle Therapie, weil Sie sich in dieser Weihe der Liebe Gottes öffnen, und »Jesu Liebe heilt die tiefsten Wunden«. So bekennt das eine Mitarbeiterin immer wieder, die im Alter von neun bis zwölf Jahren von ihrem Vater missbraucht wurde.

Vielleicht sind Sie enttäuscht und verbittert, wenn Sie an ihre Kindheit oder Jugend denken. Alles in Ihnen rebelliert. Sie fühlen Schmerz, Enttäuschung und Ohnmacht. Zorn steigt in Ihnen auf. Was Sie erleben sind zerstörende Kräfte. Sie stoßen Sie ins Abseits. Sie lähmen Ihre Kreativität. Sie machen Sie einsam.

Und dann noch etwas: Vielleicht liegen bei Ihnen in irgendwelchen Ecken einige »Pakete« oder

»Behälter« mit gefährlichem »Strahlenmaterial«. Ich denke dabei an Minderwertigkeitskomplexe. Sie vergiften das Leben und »verstrahlen« die Zukunft. Zerstören wertvolle Beziehungen. Auch das gehört in die Hand Jesu. Weihe wird dann zu einer hilfreichen Entsorgung.

Doch nun zur Praxis: Wie sieht diese tägliche Weihe der Seele praktisch aus?

2.1 Das »Studierzimmer« des Verstandes

In der Bibel lesen Sie die Aufforderung:

> *»Verlass dich auf den HERRN von ganzem Herzen, und verlass dich nicht auf deinen Verstand.«*
> (Sprüche 3,5)

Unser Verstand ist ein wunderbares Werkzeug, das Gott gebrauchen möchte. Sobald unser Verstand jedoch zum Meister erhoben wird, wird er zum Verführer und zum Zerstörer. Ich möchte meinen Verstand zur Ehre Gottes gebrauchen, aber ich möchte mich nicht auf meinen Verstand verlassen. Mein Fundament ist Jesus Christus und sein Wort. Auf ihn und auf Gottes Wort will ich mich verlassen. Die verschiedenen Bereiche des Verstandes haben lediglich Dienstfunktionen. Das Gedächtnis, die Fantasie, die Konzentrationsfähigkeit, die Kombinationsfähigkeit und die Reaktionsfähigkeit, das alles sind wunderbare Gaben des Verstandes. Gott kann und will sie gebrauchen. Wenn sich jedoch diese Fähigkeiten verselbstständigen, wenn Sie autonom werden, weil der Mensch ohne Gott lebt und sich darum seiner Führung und Korrektur entzieht, dann ereignet sich das, was Paulus mit »Verfinsterung des Verstandes« beschreibt:

> *»So sage ich nun und bezeuge in dem Herrn, dass ihr nicht mehr so leben dürft, wie die Heiden leben in der Nichtigkeit ihres Sinnes. Ihr Verstand ist verfinstert, und sie sind entfremdet dem Leben, das aus Gott ist.«* (Epheser 4,17.18)

Der Apostel Paulus verwendet in diesem Satz den Begriff »Heiden«. Wir, die wir in den so genannten christlichen Breitengraden leben, denken dabei automatisch an unzivilisierte Völker oder an Völker, in denen andere Religionen vorherrschen. Diese Denkart ist jedoch der Bibel völlig fremd. Heiden werden dort zuerst alle Menschen genannt, die nicht Juden sind, die nicht an den Gott Abrahams, Isaaks und Jakobs glauben. Bei Paulus erhielt dann der Begriff »Heiden« eine neue und erweiterte Prägung. Er wird auf alle angewendet, die *»entfremdet dem Leben, das aus Gott ist«* sind, also alle, die nicht zu Jesus gehören. Die Christusbeziehung spielt dabei die entscheidende Rolle.

Wenn ich im Gebet meinen Verstand Jesus Christus weihe, dann bitte ich ihn darum, dass alle Bereiche meines Verstandes heute zu seiner Ehre und zum Segen für Menschen zum Einsatz kommen. Im Folgenden nenne ich die verschiedenen Funktionen des Verstandes, die Jesus zur Verfügung stehen sollen.

Das Gedächtnis

Weihen Sie Gott Ihr Gedächtnis, damit es Wesentliches festhält und Unwesentliches vergisst. Dabei denke ich jetzt besonders an das Wort Gottes. Jesus Christus sagte:

> *»Wenn ihr in mir bleibt und meine Worte in euch bleiben, werdet ihr bitten, was ihr wollt, und es wird euch widerfahren.«* (Johannes 15,7)

»Wenn«, sagte Jesus. Dieses *»Wenn«* entscheidet über erhörte oder nicht erhörte Gebete. Es zeigt, dass dabei ein wesentlicher Faktor der ist, ob Gottes Wort in Ihnen *»Wurzeln schlagen«* kann. Aber bevor das möglich ist, müssen Sie Gottes Wort aufnehmen. Der erste Schritt dazu ist, dass Sie es lesen und im Gedächtnis festhalten.

Von der Mutter des Herrn Jesus berichtet die Bibel:

> *»Maria aber behielt alle diese Worte und bewegte sie in ihrem Herzen.«* (Lukas 2,19)

Hier werden zwei Handlungen beschrieben, die etwas mit dem Gedächtnis zu tun haben. Der biblische Bericht sagt, dass sich Maria die Worte der Hirten merkte, die sie von den Engeln in der Nacht, als Jesus geboren wurde, gehört hatten und ihr weitersagten. Dann hat sich Maria diese Worte immer wieder ins Gedächtnis gerufen und sie überdacht, sie hat sich mit ihnen beschäftigt. Dadurch wurden sie zu einem Bestandteil ihres Lebens, die ihr Verhalten und ihre Entscheidungen prägten.

Zur Zeit lerne ich täglich eine Verheißung des Neuen Testamentes auswendig. Am Morgen bete ich speziell auf Grund dieser Verheißung und im Laufe des Tages rufe ich sie mir immer wieder ins Gedächtnis.

Mit meiner Frau zusammen habe ich von Zeit zu Zeit besonders wichtige und markante Kapitel der Bibel Vers für Vers auswendig gelernt. Zum Beispiel das Kapitel vom Weinstock und der Frucht, Johannes 15, das Kapitel von der Schuld und dem Kreuz, Jesaja 53, das Kapitel vom Heiligen Geist, Römer 8. Das Kapitel von der Liebe, 1. Korinther 13.

Wir nehmen so Gottes Wort in uns auf und trainieren unser Gedächtnis, es auch festzuhalten. Ich lege keinen Wert darauf, Witze zu behalten, aber ich will Gottes Wort behalten.

Gott hat dem Volk Israel geboten:

> *»Und diese Worte, die ich dir heute gebiete, sollst du zu Herzen nehmen, und sollst sie deinen Kindern einschärfen und davon reden, wenn du in deinem Hause sitzt oder unterwegs bist, wenn du dich niederlegst oder aufstehst. Und du sollst sie binden zum Zeichen auf deine Hand, und sie sollen dir ein Merkzeichen zwischen deinen Augen sein, und du sollst sie schreiben auf die Pfosten deines Hauses und an die Tore.«* (5. Mose 6,6-9)

Die Konzentrationsfähigkeit

Weihen Sie Jesus Christus Ihre Konzentrationsfähigkeit, damit ihre Gedanken nicht spazieren gehen, wenn Sie die Bibel lesen, wenn Sie einem andern zuhören, wenn Sie beten, wenn Sie in Ihrem Beruf tätig sind. Alles, was wir unkonzentriert tun, also nebenbei tun, raubt unserem Leben Qualität. Es ist vergeudete Zeit. Nicht umsonst sagt die Bibel:

> *»Alles, was ihr tut mit Worten oder mit Werken, das tut alles im Namen unseres Herrn Jesus und dankt Gott dem Vater durch ihn.«* (Kolosser 3,17)

Und an einer anderen Stelle der Bibel werden wir aufgefordert:

> *»Ob ihr nun esst oder trinkt oder was ihr auch tut, das tut alles zu Gottes Ehre.«* (1. Korinther 10,31)

Das ist konzentriertes Leben und Handeln. Jeder Handgriff geschieht zur Ehre Gottes. Jedes Gespräch zu seiner Ehre. Jeder Schritt in Verantwortung vor Gott. Das macht Ihr Leben wertvoll.

Üben Sie das doch einmal einige Tage ein, sozusagen ein Experiment der Konzentration, alles zur Ehre Gottes zu tun. Damit das praktisch wird, will ich im Telegrammstil nur einiges aus dem alltäglichen Bereich nennen.

- Ankleiden zur Ehre Gottes.
- Frühstück, Mittagessen, Abendbrot zur Ehre Gottes.
- Der Gang oder die Fahrt zur Schule, zur Uni, zur Arbeitsstelle zur Ehre Gottes.
- Grüßen auf der Straße, in der Bahn, im Lern- oder Arbeitsbereich zur Ehre Gottes.
- Lernen und arbeiten zur Ehre Gottes.
- Die Gestaltung der freien Zeit zur Ehre Gottes.

Manches von dem oben Aufgezählten tun wir normalerweise »nebenbei«, also unkonzentriert und damit auch oft unbewusst. Gottes Wort aber fordert uns auf, durch alles Tun Gott zu verherrlichen. Und dazu braucht es eine geheiligte, eine Jesus Christus geweihte Konzentration.

Ich habe bewusst die »geistlichen Bereiche«, Gebet, Bibellese, Vergebungsbereitschaft, Nächstenliebe, Hilfeleistungen ... nicht genannt. Denn das sollte eigentlich selbstverständlich sein, dass wir das zur Ehre Gottes tun.

Die Kombinationsfähigkeit

Weihen Sie Jesus Christus Ihre Kombinationsfähigkeit, damit Sie im richtigen Augenblick und in der richtigen Weise Erfahrungen der Vergangenheit in Gespräche einbauen können, damit Sie in der Lage sind, Aussagen der Bibel helfend miteinander verbinden zu können, damit Sie tägliche Erlebnisse mit Gottes Wort kombinieren können.

Soeben komme ich von einem Frauentreffen zurück, bei dem ich einen Vortrag über das Thema: »Wurzeln der Bitterkeit und wie ich damit umgehe« gehalten habe. Eine Mitarbeiterin hatte zugesagt, aus ihrem Leben zwei markante Erfahrungen zum Thema zu berichten. Aber mir fehlte bis kurz vor Beginn der Veranstaltung noch ein praktisches Beispiel aus der Bibel. Dabei wurde ich an den Begriff »Kombinationsfähigkeit« erinnert und betete darum. Plötzlich stand die Lebensgeschichte von Josef vor mir und ich wurde an drei Ereignisse erinnert, die diesen jungen Mann hätten verbittern lassen können.

Erstens wurde er von seinen Brüdern als Sklave nach Ägypten verkauft. Können Sie sich die Gefühle dieses Teenagers vorstellen? Aber die Bibel berichtet:

> *»Der Herr war mit Josef, sodass er ein Mann wurde, dem alles glückte.«* (1. Mose 39,2)

Zweitens ließ ihn sein Herr nach einer gemeinen sexuellen Intrige, in die er nicht einwilligte, grundlos ins Gefängnis werfen. Auch hier berichtet die Bibel:

> *»Aber der Herr war mit ihm und verschaffte ihm Gunst und ließ ihn Gnade finden vor dem Amtmann des Gefängnisses.«* (1. Mose 39,21)

Drittens deutete er dort unter anderem den Traum eines Gefangenen, der der Mundschenk des Pharao war. Er bat ihn, Fürsprache bei dem Herrscher des Landes einzulegen, wenn er wieder in sein Amt eingesetzt wird. Die Bibel aber berichtet:

> *»Aber der oberste Schenk dachte nicht an Josef, sondern vergaß ihn.«* (1. Mose 40,23)

Das waren genügend Gründe für »bittere Wurzeln«. Die Bibel jedoch zeigt, dass Josef jede Bitterkeit besiegte. Er rächte sich weder an seinen Brüdern, die ihn als Sklaven verkauften, noch an der Frau des Potifar, die ihn verführen wollte und als er sich standhaft weigerte, ihn verleumdete und ins Gefängnis brachte, noch an dem Mundschenk, der sein Wort brach. Gelegenheit, sich zu rächen, hätte er gehabt, denn er wurde durch eine wunderbare göttliche Führung die einflussreichste Persönlichkeit in Ägypten, die rechte Hand des Königs.

Diese Geschichte, die ich ausführlich erzählte und kommentierte, war ein praktisches und hilfreiches Element meines Vortrags.

Ich berichte Ihnen diese Begebenheit, weil sie für mich ein Beispiel ist von einer Gabe, die uns Gott zur Verfügung stellt.

Die Fantasie

Weihen Sie Jesus Christus Ihre Fantasie, Ihre Kreativität, Ihren Ideenreichtum. Das alles sollte nicht nur in Hobbys, im Beruf, in der Gestaltung der Wohnung usw. zum Tragen kommen, sondern auch, wenn es um die Durchführung des Hauskreises geht, die Kontaktfindung mit Nachbarn, das Weitersagen der Frohen Botschaft. Es gibt so viele fantasielose Kirchenräume, fantasielose kirchliche Schaukästen, fantasielose Gottesdienste, fantasielose Hauskreise, fantasielose Gebetstreffen. Es gibt so viele Gemeinden, in denen Sonntag für Sonntag das gleiche Programm abläuft, immer dieselbe Liturgie, langweilig und einschläfernd, keinerlei Abwechslung. Keine Fernsehanstalt dürfte sich so etwas leisten. Beobachten Sie doch einmal, mit wie viel Fantasie und Kreativität »Wetten dass ...« gestaltet ist, oder die »Versteckte Kamera«, oder die Talkshow von Sabine Christiansen. Verstehen Sie mich nicht falsch, ich will damit nicht sagen, dass der Gottesdienst eine Show sein sollte, das darf auf keinen Fall sein. Aber der Gottesdienst sollte anziehend sein, sollte aktuell sein, sollte abwechslungsreich sein. Hören Sie, was die Bibel zum Thema »Kreativität im Gottesdienst« sagt:

> *»Wenn ihr zusammenkommt, so hat ein jeder einen Psalm, er hat eine Lehre, er hat eine Offenbarung, er hat eine Zungenrede, er hat eine Auslegung. Lasst es alles geschehen zur Erbauung.«*
> (1. Korinther 14,26)

Darum sollte der Bereich Ihres Einfallsreichtums, Ihrer Kreativität, Ihrer Fantasie auch Gott und seiner Sache zur Verfügung stehen.

Was tun Sie zum Beispiel, um Ihre Nachbarn für Christus zu gewinnen? Was lassen Sie sich einfallen, um ihre Freunde mit dem Evangelium bekannt zu machen? Wie kreativ werden Sie, wenn Sie einen Mitarbeiter oder einen Kommilitonen auf Jesus aufmerksam machen möchten?

Als wir vor Jahren unseren Wohnort wechselten, haben wir uns von Anfang an Gedanken darüber gemacht, wie wir mit unseren Nachbarn in Verbindung kommen können. Dabei spielte das Ziel sie für Christus zu gewinnen eine ausschlaggebende Rolle. Ich möchte Ihnen kurz die verschiedenen Möglichkeiten beschreiben, die wir benützten.

Erstens: Wir haben eine Woche vor dem Umzug an unsere neuen Nachbarn geschrieben und unseren Einzug mitgeteilt. Diesen Briefen legten wir einen kleinen Bildband bei.

Zweitens: Eine Woche nach dem Einzug gingen wir zu unseren Nachbarn und stellten uns persönlich vor. Dabei öffneten sich bereits erste Türen. Wir wurden zu einem kurzen Gespräch ins Wohnzimmer eingeladen.

Drittens: Da wir neben der Kirche wohnen, haben wir einen Monat später, an einem Sonntag, es war der Erntedank-Sonntag, zu einem Nachbarschaftsfrühstück in den kleinen Saal der Kirche eingeladen. Auf das Einladeschreiben hefteten wir eine Rose. Der Saal war festlich dekoriert. Das Frühstücksbüffet war reich bestückt und ein musikalischer Background sorgte für eine gemütliche Atmosphäre. Die meisten der angeschriebenen Nachbarn kamen, andere entschuldigten sich persönlich oder telefonisch und bedankten sich für die Einladung. Einige unserer Gäste besuchten den anschließend stattfindenden Gottesdienst.

Viertens: Zum Weihnachtsfest schrieben wir einen weiteren Brief und beschenkten unsere Nachbarn mit einem christlichen Buch.

So entstanden im Laufe der Zeit wertvolle Kontakte. Wir wurden zu Gesprächen in die Familien eingeladen und konnten einige Nachbarn zum Kaffee oder zu einem kleinen Abendimbiss in unserem Wohnzimmer empfangen. Dabei kam es zu offenen Gesprächen über den Glauben.

In diesem Jahr haben wir jeweils am ersten Sonntag im Monat zu einem Gästegottesdienst unter dem Motto »Willkommen um 10« eingeladen. Wir besuchen normalerweise in der Woche vorher unsere Nachbarn und laden sie mit einer kreativ gestalteten Informationskarte zu diesem »Gottesdienst mit dem besonderen Akzent« ein. Es ist ein Gottesdienst, der sich in Form und Inhalt an Menschen richtet, die noch keine persönliche Beziehung zu Gott haben. Und einige von ihnen kommen. Sie sind begeistert. Sie bedanken sich.

Wir sind gespannt, welche weitere Türen Gott öffnet. Dabei möchten wir unsere Fantasie von Gott gebrauchen lassen.

Als Evangelist besuche ich ein oder auch zwei Jahre vor einer geplanten Evangelisation die Gemeinde. Unter anderem spreche ich davon, wie man den Ort oder eine bestimmte Personengruppe oder ein spezielles Wohngebiet mit dem Evangelium erreichen kann. Vor einigen Monaten reagierte bei einem solchen Vorbereitungstreffen ein verantwortlicher Mitarbeiter der Gemeinde ziemlich aggressiv. Er sagte ungefähr Folgendes: »Was wollen Sie eigentlich mit so einem Gespräch erreichen. Wir sind doch keine Anfänger. Ich habe schon viele Evangelisationen erlebt. Jetzt soll da plötzlich eine Halle gemietet werden. An den Abenden sollen keine Gesangbuchlieder gesungen werden. Es soll keine Kollekte erhoben werden. Sie möchten im Vorprogramm eine Talkshow einbauen. Wozu der ganze Aufwand?«

Er war kaum zu überzeugen, dass Veranstaltungen für Menschen, die der Kirche distanziert gegenüberstehen, heute nicht mehr so durchgeführt werden können, wie man das vor zwanzig Jahren getan hat. Kurz: Er hatte keine Fantasie. Seine Wohnung war modern eingerichtet. Er war geschmackvoll gekleidet und fuhr ein schickes Auto. Aber die evangelistische Woche sollte mit möglichst wenig Einsatz und Kreativität über die Bühne gehen.

Weihen Sie Ihre Fantasie Jesus, damit er sie zu seiner Ehre und zum Bau seines Reiches gebrauchen kann.

Die Reaktionsfähigkeit

Wenn Sie Menschen für Jesus gewinnen wollen – und ich nehme an, dass das Ihr starker Wunsch ist – brauchen Sie eine Jesus geweihte Reaktionsfähigkeit. Sie brauchen sie zum Beispiel bei missionarischen Gesprächen. Da kann man sich keinen Gesprächsverlauf zurechtlegen. Aus vielen Erfahrungen will ich Ihnen hier eine berichten, die das verdeutlicht.

Im Club der »Wilden Engel«

Im Club der »Wilden Engel«

Ich öffne die Tür meines Wagens und bleibe unschlüssig auf der Straße stehen. Eigentlich wollte ich an diesem Samstagnachmittag noch etwas in unserer Zelthalle für die Abendveranstaltung richten. Aber nun packt mich dieses Bild: Ungefähr acht junge Männer sitzen rauchend auf der Kinotreppe. Sie starren vor sich hin. Keiner spricht ein Wort. Einige haben ihre Lederjacken ausgezogen. Ihre Oberkörper sind tätowiert. Soll ich sie ansprechen? Wie werden sie reagieren? Ich komme ja für sie aus einer anderen Welt. Mann mit Krawatte.

Nein, danke!

Langsam gehe ich auf sie zu. Einer hat mir den Rücken zugekehrt. Im Näherkommen lese ich auf seiner Lederjacke »Club Of The Wild Angles«. Davon hatte ich noch nie etwas gehört. »Wilde Engel«! Die Sache schien spannend zu werden, spannend oder gefährlich?

»Hallo, Jungs! Was habt ihr heute Abend vor?«, grüße ich freundlich. »Ich habe ein Angebot: 20.00 Uhr in unserem Zelt dort drüben.«

Einem der Jungen reiche ich einen Flyer. Er schaut mich misstrauisch an. »Gibt's da Bier?«, fragt er.

Ich schüttle den Kopf. »Etwas Besseres. Bier ist nur für den Augenblick. Du trinkst es, und kurze Zeit später hast du wieder Durst. Dein Bauch ist voll, aber dein Herz bleibt leer. Ich habe etwas fürs Herz. Also bis heute Abend!«

»Nee«, grölt einer. »So schnell kriegst du uns nicht! Und außerdem steigt heute Abend eine Party in unserem Keller.«

»Wir laden dich zu uns ein«, ruft ein anderer. Irgendwie hatten sie Lunte gerochen, dass ich Pfarrer bin, denn ich höre: »Doll! Ein Pfarrer unter den ›Wilden Engeln‹. Komm, du bist die Sensation des Abends.«

Plötzlich sind sie alle voll dabei. Sie umringen mich, und der, der mich zuerst ansprach, sagt: »Du kommst heute Abend zu uns, und wir kommen morgen Abend zu dir. Abgemacht?«

Einige Hände strecken sich mir entgegen. Ich bin unschlüssig – oder genauer gesagt – mir ist das unheimlich. Bis dahin hatte ich mit Rockern noch nie etwas zu tun gehabt. Was geht da in einem solchen

Keller alles ab? Drogen? Bier? Schlägerei? Komme ich da heil wieder raus? In Sekundenschnelle rollen diese Gedanken in mir ab. Ich muss mich entscheiden.

»Okay«, sage ich etwas unsicher. »Ich komme. Aber zuerst läuft unser Abend im Zelt dort. Das dauert bis kurz nach neun. Und dann kann ich nur kommen, wenn es keine Gespräche mit den Besuchern gibt. Ihr versteht: Das geht vor.«

Ziemlich durcheinander gehe ich an diesem Abend ins Zelt. Ich gestehe, dass ich in meinem Herzen gebetet habe: »Jesus, gib mir heute Abend viele Gespräche.« Aber es kam ganz anders.

Kurz nach neun war alles gelaufen und zwanzig Minuten später verlässt der letzte Besucher das Zelt. Draußen aber kurven mit heulenden Maschinen meine »Freunde« herum. Sie warten schon auf mich. Und dann reißt einer die Zeltwand auf. »Hallo!«, ruft er. »Steig auf, Pfarrer!« Ich sehe in zwei glasige Augen. Scheint nicht mehr ganz nüchtern zu sein, der Junge.

»Ich komme mit meinem Auto!«, erkläre ich. Ihr fahrt vor mir her, und wenn es erlaubt ist, bringe ich noch den Zeltmeister mit.«

So fahren wir, Bernd der junge Zeltchef, und ich, begleitet von einer wilden Motorradeskorte zum Hauptquartier der »Wilden Engel«.

Der Geleitzug stoppt vor einem Zweifamilienhaus. Wir werden in den Keller geführt. Im ersten Raum, der spärlich beleuchtet ist, sehe ich eine Theke. Eine Menge Bierkästen stehen herum. Ein Plattenspieler und zwei Boxen sorgen für den notwendigen Lärm. Die Luft ist verbraucht. Es riecht nach Alkohol, Nikotin und Schweiß. Einige empfangen uns mit »Hallo«, andere, die mich noch nicht kennen, schauen argwöhnisch. Ich schreie »Guten Abend«. Kaum Reaktion.

Wir gehen in den nächsten Raum. Ich schaue mich um. Peinlich: er scheint ausschließlich für Liebespaare reserviert zu sein. Die liegen eng umschlugen herum.

Ich erspähe einen weiteren Raum und gehe darauf zu. Erleichtert hole ich Luft. Hier ist es ruhiger. Am Boden entdecke ich Matratzen. Ich lasse mich fallen und sehe mich um. An den Wänden hängen einige Bilder. Doch bevor ich sie genauer betrachten kann, kommen meine »Freunde« und setzen sich um uns herum. Einer greift zur Gitarre. Er klimpert zuerst ein bisschen, und dann beginnt er zu singen. Ich habe noch nie ein so dreckiges Lied gehört. Ich sehe in grinsende Gesichter. Sie beobachten uns. Ich fühle, wie meine Hände feucht werden. Auf was hatte ich mich da nur eingelassen?

Offenbar bemerkt der Sänger meine Verlegenheit, denn er bricht plötzlich mitten im Lied ab und legt seine Gitarre zur Seite.

Peinliche Stille. Wir schauen uns an.

In diesem Augenblick gibt Gott mir den alles verändernden Gesprächseinstieg: »Ich weiß nicht, ob ihr das spürt«, sagte ich langsam, »aber ich habe den Eindruck, dass wir nicht zusammenpassen.«

Einige nicken.

»Ich will euch erklären, woran das liegt. Ihr lebt ohne Gott. Wir leben mit Gott. Jesus Christus ist der Mittelpunkt unseres Lebens. In ihm haben wir einen verständnisvollen Freund gefunden. Er hat uns gerufen, und wir haben ja gesagt.«

Und nun erzähle ich ihnen, wie ich als 18-Jähriger auf der Suche nach Leben war. Ich spreche von meiner Einsamkeit und der inneren Leere, von den Masken, hinter denen ich lebte und wie ich mich dann in einem Gebet an Jesus hingegeben habe.

Auch Bernd erzählt seine Geschichte mit Gott.

Ich spüre, wie die jungen Leute ergriffen zuhören. Eine Atmosphäre der Liebe erfüllt den Raum. Der, der neben mir sitzt, legt mir seine Lederjacke um die Schulter – es ist, als wollte er damit sagen: Ihr gehört jetzt zu uns. Eine Cola-Flasche geht von Mund zu Mund. Sie wird auch uns gereicht.

Es ist kurz nach Mitternacht. Einer drückt mir ein Stück rote Kreide in die Hand und sagt: »Schreib bitte deinen Namen hier an die Wand. Das war der tollste Abend, den ich im Keller erlebt habe.«

Langsam erhebe ich mich und schreibe mit großen Buchstaben »Jesus liebt euch!«. Und danach bete ich im Keller der Rocker für diese jungen Männer, die Gott in dieser Nacht berührt hat. Selten habe ich die Gegenwart Gottes so stark erlebt wie in diesen Augenblicken.

Die folgenden Zeilen schreibe ich für die, die unbedingt wissen wollen, wie es weiterging.

Am darauf folgenden Tag, es war ein Sonntag, hatten wir am Nachmittag einen Jugendgottesdienst in unserer Zelthalle, und da kamen sie – zwanzig bis fünfundzwanzig meiner neuen Freunde. Viele Jugendliche aus verschiedenen Jugendkreisen füllten das Zelt. Ich erinnere mich nur noch an eine Szene. Es war am Schluss des Gottesdienstes. Ich hatte Gelegenheit gegeben zur Diskussion.

Da griffen mich einige aus einem der christlichen Jugendkreise an, weil ich zur kompromisslosen Lebenshingabe an Jesus aufgerufen hatte.

Plötzlich gab es in den Reihen der Rocker Bewegung. Einer von ihnen sprang auf, krempelte die Ärmel hoch und rief dabei: »Haltet die Fresse, ihr da drüben. Das ist unser Pfarrer!« Damit verstummte die Diskussion, aber das Gespräch mit den Rockern ging weiter.

Wir brauchen sie ...

... eine Gott geweihte Reaktionsfähigkeit.

- Wir brauchen sie, wenn Menschen uns wegen unseres Glaubens angreifen.
- Wir brauchen sie, wenn irgendjemand einen Streit vom Zaun bricht, um Friedensstifter sein zu können.
- Wir brauchen sie, wenn uns Fragen gestellt werden über unsere Beziehung zu Gott.
- Wir brauchen sie, wenn in der Familie alles drunter und drüber geht und beinahe alles schief läuft.

Fügen Sie einfach das hinzu, was Ihnen beim Thema »Reaktionsfähigkeit« noch einfällt.

Von dem Jugendpfarrer Johannes Busch wird Folgendes erzählt: Er war zu einem Jugendabend als Redner eingeladen worden. Die Halle war übervoll. Einer wollte das fromme Meeting sprengen. Er hatte einen aufgepumpten Autoschlauch mitgebracht. Mitten in der Predigt öffnete er das Ventil. Es zischte. Unruhe entstand. Alle drehten sich um. Da sagte Johannes Busch am Mikrofon: »Gell Junge, da geht dir die Puste aus, wenn du so 'ne Botschaft hörst.« Großes Gelächter. Der Rebell drehte verlegen das Ventil wieder zu. Die Situation war gerettet. Reaktionsfähigkeit.

Während einer Evangelisation ging ich mit einem jungen Mitarbeiter betend und einladend durch die Straßen des Ortes. An einer Stelle, an der der Gehsteig ziemlich schmal war, kam uns eine junge Frau entgegen. Ich ging zur Seite und sagte: »Damen haben Vortritt. Bitte.« Die Frau ging an uns vorbei und antwortete aggressiv: »Ja, und Männer sollten alle umgebracht werden.«

»Wie kommen Sie denn da drauf?«, fragte ich lächelnd.

»Weil Männer Kriege führen«, war die prompte Antwort.

»Und was ist der Fehler der Frauen?«, fragte ich.

»Die waschen zu viel«, antwortete sie.

Nach diesem kurzen Schlagabtausch sah sie mich plötzlich herausfordernd an und sagte: »Wissen Sie, wer ich bin?« Und ohne eine Antwort abzuwarten redete sie weiter: »Ich bin eine Hexe. Ich habe Macht, Menschen zu verfluchen.«

Spontan antwortete ich: »Und wissen Sie, wer ich bin? Ich bin ein Bote Gottes. Und ich habe Macht, Menschen zu lieben und zu segnen.«

Mit einem auffallenden, geradezu entsetzten Ruck, wendete die Frau sich von mir ab und stieß aufgeregt und verwirrt hervor: »Ich muss jetzt weg. Mein Bus fährt.«

Ich rief der davoneilenden Frau noch nach: »Gott segne Sie!«

Noch einmal: Weihen Sie die verschiedenen Funktionsbereiche Ihres Verstandes täglich Jesus Christus, damit Sie wirkungsvoll sein Werkzeug sein können.

2.2 Der »Konferenzraum« des Willens

Der »Konferenzraum« des Willens

Das ist der zweite »Raum« der Seele, der »Raum« des Willens. Als Christ brauchen Sie einen stabilen Willen, einen starken Willen, einen Jesus geweihten Willen. Viele Texte der Bibel sind Appelle an Ihren Willen. Wenn der Apostel Paulus schreibt:

> *»Legt von euch ab den alten Menschen mit seinem früheren Wandel, der sich durch trügerische Begierden zugrunde richtet. Erneuert euch aber in eurem Geist und Sinn und zieht den neuen Menschen an, der nach Gott geschaffen ist in wahrer Gerechtigkeit und Heiligkeit«* (Epheser 4,22-24),

dann ist das eine Aufforderung an Ihren Willen. Dabei möchte ich betonen, dass alle diese Appelle an Christen gerichtet sind, also an Menschen, die durch die Lebenshingabe an Jesus eine »neue Schöpfung« (2. Korinther 5,17) geworden sind. Wenn Sie zu Jesus Christus gehören, dann steht Ihnen eine neue Kraft und auch ein erneuerter Wille zur Verfügung. Natürlich können Sie sich auch als Christ hängen lassen. Aber Sie müssen das nicht und Sie sollten das auch nicht. Darum fordert Gottes Wort zu einem veränderten und erneuerten Lebensstil auf.

Blick in die Bibel

Der Blick in die Bibel

Ich nenne beispielhaft noch einige Texte der Bibel, die davon sprechen:

> *»Legt die Lüge ab und redet die Wahrheit, ein jeder mit seinem Nächsten ...«* (Epheser 4, 25)

Sie können auch als Christ die Unwahrheit sagen. Sie können sich aber auch für die Wahrheit entscheiden. Das ist eine Sache Ihres Willens.

> *»Wer gestohlen hat, der stehle nicht mehr, sondern arbeite und schaffe mit seinen Händen das nötige Gut, damit er dem Bedürftigen abgeben kann.«* (Epheser 4,28)

Sie können auch als Christ unrechtes Gut an sich bringen. Sie können aber auch redlich sein, arbeiten und Mittellosen helfen. Das ist eine Entscheidung, die Sie mit Ihrem Willen treffen müssen.

> *»Lasst kein faules Geschwätz aus eurem Mund gehen, sondern redet, was gut ist, was erbaut und*

> *was notwendig ist, damit es Segen bringe denen, die es hören.«* (Epheser 4,29)

Sie können auch als Christ unsaubere oder beleidigende Witze erzählen. Sie können schlüpfrige Dinge berichten. Sie können über andere schlecht reden. Sie können aber auch wertvolle Gespräche führen, Gespräche, die Ihre Anteilnahme am Ergehen des andern zum Ausdruck bringen, Sie können Gespräche führen, die aufrichten, die Freude und Lebensmut vermitteln. Das ist ein Entschluss, den Sie mit Ihrem Willen treffen müssen.

> *»Alle Bitterkeit und Grimm und Zorn und Geschrei und Lästerung seien fern von euch samt aller Bosheit. Seid aber untereinander freundlich und herzlich und vergebt einer dem andern, wie auch Gott euch vergeben hat in Christus.«* (Epheser 4,31.32)

Sie können auch als Christ Bitterkeit im Herzen nähren, zornig sein und ihre Kinder oder Ihren Ehepartner oder Ihre Mitarbeiter anschreien. Sie können unfreundlich und unversöhnlich sein. Sie können sich aber auch für das Gegenteil entscheiden, für Freundlichkeit und Sanftmut, für Versöhnung und Güte. Den Entschluss dazu müssen Sie mit ihrem Willen treffen.

Wenn Sie Ihren Willen im Gebet Jesus weihen, dann geht es um diese praktischen Veränderungen Ihres Verhaltens und dazu brauchen Sie einen starken, einen geheiligten Willen. Sie brauchen einen Willen, der mit dem Willen Gottes in Harmonie ist. Sie brauchen einen Willen, der zur völligen Abhängigkeit von Jesus bereit ist, der das bejaht, was Jesus gesagt hat:

> *»... ohne mich könnt ihr nichts tun«* (Johannes 15,5).

»... dass ich tue den Willen Gottes«

»... dass ich tue den Willen Gottes«

Mich hat immer schon die Antwort Jesu an seine Jünger angesprochen, als sie ihm zu essen anboten. Er hatte, während seine Jünger unterwegs waren und Nahrung kauften, einer Frau in einem ausführlichen Gespräch den Weg zum Leben gezeigt. Und nun sagte er:

> *»Ich habe eine Speise zu essen, von der ihr nicht wisst.«* (Johannes 4,32)

Verwundert fragten die Jünger untereinander:

»Hat ihm jemand zu essen gebracht?«

Und Jesus, der ihre erstaunten Blicke sah, antwortete:

> *»Meine Speise ist die, dass ich tue den Willen dessen, der mich gesandt hat, und vollende sein Werk.«* (Johannes 4,34)

Jesu Wille war Gott hingegeben. Jesu Wille war in Harmonie mit dem Willen Gottes. Und das sollte auch Ihr Wunsch und Ihr Verlangen sein.

Bei vielen seelsorgerlichen Gesprächen muss an den Willen des Menschen appelliert werden. Denn viele innere Probleme werden ausgelöst durch falsche Reaktionen, durch Rebellion über Lebensführungen, die zunächst nicht zu ändern sind.

Mir gegenüber sitzt eine enttäuschte und total frustrierte Frau. Sie klagt über Lebensunlust und Depressionen. Obwohl sie Christ ist, eine persönliche Entscheidung für Jesus getroffen hat, ist sie total verbittert. Ich höre folgende Geschichte: Vor Jahren hatte sie sich entschlossen, wieder zu arbeiten. Die Kinder waren erwachsen und sie wollte sich den Wunsch erfüllen, einmal ein Einfamilienhaus zu besitzen. Sie wohnte mit ihrem Mann, der kein Christ war, im Haus der Schwiegereltern und es gab immer wieder Spannungen. Eines Tages erklärt ihr Mann, dass er ein Mehrfamilienhaus gekauft habe. Es geschah ohne Rücksprache mit seiner Frau und es geschah mit dem Geld seiner Frau. In ihr brach eine Welt zusammen. Empörung, Rebellion, Streit, Tränen – aber es war geschehen. Wochen später bezogen sie eine Wohnung in diesem Haus. Aber die nun folgenden Monate waren für jene Frau entsetzlich. Bis in die Träume hinein verfolgte sie das Geschehen. Beim Erwachen begann der Ärger. Sie bekam Streit mit den Mietern. Die Umgebung empfand sie als furchtbar. Depressionen stellten sich ein. Alle positiven Empfindungen ihrem Mann gegenüber waren erloschen.

Auch mich empörte das Verhalten dieses Mannes. Ich sagte ihr das offen. Zeigte mein Mitgefühl. Brachte mein Verständnis für ihren Ärger und ihre Rebellion zum Ausdruck. Aber dann griff ich zur Bibel. Ich betrachtete mit ihr Texte, die uns auffordern, Unabänderliches anzunehmen und zu einer positiven Reaktion zu finden:

> *»Wir wissen aber, dass denen, die Gott lieben, alle Dinge zum Besten dienen.«* (Römer 8,28)

Wir buchstabierten das durch, was das heißt: *»... zum Besten dienen«*.

Dann beschäftigten wir uns mit dem provozierenden Satz:

> *»... sagt Dank Gott, dem Vater, allezeit für alles, im Namen unseres Herrn Jesus Christus.«* (Epheser 5,20)

Wir sprachen ausführlich über die beiden Begriffe *»allezeit«* und *»für alles«*. Und ich erklärte ihr, dass wir hier aufgefordert werden, dem Vater, also Gott, zu danken. Ich sagte: »Die Bibel fordert Sie nicht auf, ihrem Mann zu danken. Das wäre eine Anerkennung seines lieblosen und rücksichtslosen Verhaltens. Aber Gott können Sie danken, denn Sie dürfen wissen, dass er auch mit diesem Geschehen einen Plan hat.«

Ich gebe zu, es war ein schwieriges Gespräch. Aber dann waren wir an einem Punkt angekommen, wo ich fragen konnte: »Wollen Sie im Gehorsam und mit Ihrem Willen, auch wenn Ihre Gefühle ›Nein‹ schreien, die Situation akzeptieren und Jesus vertrauen, dass er keine Fehler macht?«

Die Gesprächspartnerin war dazu bereit und wir konnten jetzt ein Gebet sprechen, in dem sie dieses »Danke Vater« sagte.

Bei einer weiteren Begegnung, Wochen später, berichtete sie mir, dass sie sich wieder freuen könne. Sie hatte keine Depressionen mehr. Die Beziehung zu ihrem Mann verbesserte sich. Die Mitbewohner bat sie um Verzeihung für ihr negatives Verhalten und beschenkte sie.

Die Veränderung begann damit, dass sie ihren Willen dem Wort Gottes unterordnete und das tat, was Gott erwartet.

Es ist doch keine Frage, wer täglich neu seinen Willen Jesus Christus weiht, dessen Leben wird vom Gehorsam gegenüber Gott geprägt. Und Gehorsam ist der Schlüssel zu allen Segnungen Gottes.

2.3 Das »Wohnzimmer« der Gefühle

Christen dürfen Gefühle bejahen. Ich schreibe das, weil ich zu der Generation gehöre, in der Emotionen zwar auf dem Fußballplatz selbstverständlich waren, aber im Christsein und speziell in einem Gottesdienst nichts zu suchen hatten. Bis vor die Kirchentür sprachen die Gottesdienstbesucher normal, unterhielten sich fröhlich, klopften sich auf die Schulter und begrüßten sich da und dort begeistert. Sobald sie aber den Gottesdienstraum betraten, war ein totaler Stimmungs- und Gefühlswechsel das Normale. Jetzt wurde geflüstert, man setzte sich reglos in die Kirchenbank, kein Lachen mehr – beklemmende Stille. Die Gefühle mussten an der Garderobe abgegeben werden. Der gefühlsarme Gottesdienst begann: Die Liturgie war eintönig und realitätsfremd. Der Gemeindegesang verhalten. Die Lieder aus den zurückliegenden Jahrhunderten. Der Chor nüchtern. Die Predigt intellektuell. Keine Begeisterung. Kein Enthusiasmus. Keine Faszination. Und – Sie werden es zugeben – in manchen Gottesdiensten ist das auch heute noch so. Der Gottesdienst scheint eine gefühlsneutrale Zone zu sein. So entstand der Eindruck, dass Christen ihre Gefühle bekämpfen und unterdrücken müssen. Und diese Gefühlsarmut zeigt sich fast immer auch in den Gebetsgemeinschaften. Kein Jauchzen und kein Weinen. Keine Freude und keine Tränen. Ist Ihnen schon aufgefallen, dass die Bibel ganz andere Töne anschlägt? Ich zitiere einige Sätze. Von Jesus berichtet die Bibel:

> *»Und Jesus hat in den Tagen seines irdischen Lebens Bitten und Flehen mit lautem Schreien und mit Tränen dem dargebracht, der ihn vom Tod erretten konnte; und er ist auch erhört worden, weil er Gott ehrte.«* (Hebräer 5,7)

Im letzten Buch der Bibel wird der Anbetungsjubel der Erlösten beschrieben:

> *»Dann hörte ich das Rufen einer großen Menge. Es klang wie das Rauschen eines mächtigen Wasserfalls und wie lautes Donnerrollen* (das war kein evangelikales Gebetsgeflüster). *Sie riefen: Halleluja – Preist den Herrn! Der Herr hat nun die Herrschaft angetreten, er, unser Gott, der Herr der ganzen Welt! Wir wollen uns freuen und jubeln …«* (Offenbarung 19,6)

Und der König David betet:

> *»Ich freue mich und bin fröhlich in dir und lobe deinen Namen, du Allerhöchster.«* (Psalm 9,3)

In diesem Kapitel will ich Ihnen zeigen, dass Sie auch Ihre Gefühle Gott weihen dürfen. Sie dürfen Ihre Emotionen Jesus zur Verfügung stellen. Sie dürfen und Sie sollen authentisch sein. Sie dürfen und Sie sollen echt sein. Sie dürfen und Sie sollen wahr sein. Und dazu gehört auch das Äußern Ihrer Gefühle. Das können Sie von Jesus selbst lernen.

Jesus weint

Als sein Freund Lazarus, der in Bethanien wohnte, nach einer schweren Krankheitsphase gestorben war, reiste Jesus dorthin. Auf dem »Friedhof« traf er viele Menschen, die um den Verstorbenen trauerten. Als man Jesus an das Felsengrab führte, weinte er. Die Bibel berichtet, dass das die Umstehenden sahen und zueinander sprachen:

> *»Siehe, wie hat er ihn so lieb gehabt!«*
> (Johannes 11,36)

Jesus zeigte also offen seine Gefühle.

Jesus ist zornig

Jesus ist zornig

Die religiösen Führer beobachteten genau, was Jesus tat. Er passte nicht in ihr religiöses Konzept, das von Gesetzen geprägt war, darum suchten sie einen Grund zur Anklage. An einem Sabbat sprach Jesus in einer Synagoge. Offenbar saß ein Mann in seiner Nähe, der eine verkrüppelte Hand hatte. Möglicherweise hatten die Pharisäer diesen Mann sogar überredet mit ihnen in die Synagoge zu kommen. Würde Jesus ihn am Sabbat heilen? Jesus erkannte, was gespielt wurde. Und die Bibel berichtet seine Reaktion:

> *»Er sah sie ringsum an mit Zorn und war betrübt über ihr verstocktes Herz …« (*Markus 3,5)

Zorn aber hat etwas mit Gefühlen zu tun.

Sie wissen, dass Jesus Christus einmal im Tempel in Jerusalem Ordnung schaffte. Er stieß die Kassentische um. Er trieb die Kaufleute mit einer Peitsche aus dem Tempel. Er riss die Tiergatter auf. Die Gefühle, die Jesus dabei hatte und öffentlich zeigte, können Sie sich sicher vorstellen. Seine Jünger jedenfalls wurden dabei an den Satz aus den Psalmen erinnert:

> *»Der Eifer um dein Haus wird mich fressen.«*
> (Johannes 2,17 / Psalm 69,10)

Christen müssen also ihre Gefühle nicht unterdrücken. Tränen sind erlaubt. Lachen ist erlaubt. Begeisterung ist erlaubt. Kritisch wird es allerdings, wenn Sie sich von Ihren Gefühlen beherrschen lassen. Jesus weinte, aber sein Weinen lähmte ihn nicht. Er konnte kurz darauf mit Autorität rufen: *»Lazarus, komm heraus!«*

Jesus war zornig, als er die Hinterhältigkeit der Pharisäer durchschaute, aber der Zorn lähmte ihn nicht, den Körperbehinderten liebevoll anzusprechen und seine verkrüppelte Hand zu heilen.

Wenn ich im Gebet meine Gefühle Jesus weihe, dann bete ich darum, dass mich nicht meine Gefühle beherrschen, sondern dass meine Gefühle ein Werkzeug sein können für Jesus und seine Sache. Dabei denke ich besonders an den Satz der Bibel:

> *»Freut euch mit den Fröhlichen und weint mit den Weinenden.«* (Römer 12,15)

Das Mitgefühl wird angesprochen, die Fähigkeit, sich in den anderen einzufühlen, ihm echte Anteilnahme zu geben, die sein Herz öffnet und die eine Brücke zur Hilfe ist.

Der Apostel Paulus hat einen besonders starken Satz geschrieben, der den Einsatz der Gefühle für die Sache Jesu markiert:

> *»Gelobt sei Gott, der Vater unseres Herrn Jesus Christus, der Vater der Barmherzigkeit und Gott allen Trostes, der uns tröstet in all unserer Trübsal, damit wir die trösten können, die in allerlei Trübsal sind, mit dem Trost, mit dem wir selbst getröstet werden von Gott.«* (2. Korinther 1,3.4)

Rosen für Gott

Rosen für Gott

Vor einiger Zeit hörte ich in einem Glaubenszentrum die Andacht eines Theologiestudenten. Er sprach mit beeindruckender Liebe und mit einem zu Herzen gehenden Gefühl von Jesus Christus. Dabei schilderte er, wie er am Morgen die persönliche Gebetszeit gestaltet. Er würde den Tisch festlich decken und dann das Abendmahl feiern. Und gelegentlich würde er drei Rosen auf den Tisch legen, eine für Gott, den Vater, eine für Jesus Christus, den Sohn, und eine für den Heiligen Geist. Es sollten sichtbare Zeichen seiner Liebe sein.

Gefühle dürfen und sollten auch in unserer Beziehung zu Gott nicht fehlen. Denn die Bibel sagt:

> *»Du sollst den Herrn, deinen Gott, lieb haben von ganzem Herzen, von ganzer Seele und mit all deiner Kraft.«* (5. Mose 6,5)

Und David bekennt:

> *»Herzlich lieb habe ich dich, Herr, meine Stärke! Herr, mein Fels, meine Burg, mein Erretter; mein Gott, mein Hort, auf den ich traue, mein Schild und Berg meines Heils und mein Schutz.«*
> (Psalm 18,2.3)

Jesus geweihte Gefühle sind geheiligte Gefühle, aber sie sind dennoch Gefühle. Es sind Gefühle der Liebe zu Jesus Christus. Es sind Gefühle der Liebe zu den Menschen, die zu Christus gehören und mit denen Sie unterwegs sein dürfen in der Nachfolge Jesu. Und es sind Gefühle zu den Verlorenen, zu den Menschen, die noch im Abseits von Gott leben.

Oswald Smith, der Gründer der People-Church in Toronto, sprach sehr akzentuiert von »glühender Retterliebe« und eines seiner Bücher trägt diesen Titel.

Ich habe, um mir das immer wieder bewusst zu machen, einen Satz von Bill Hybels, dem Pastor der Willow Creek-Gemeinde in Chicago, auswendig gelernt: »Verlorene Menschen sind Gott unendlich wichtig«. Und es ist keine Frage, das hat etwas mit Liebe zu tun und eben auch mit Gefühlen.

3. Die Weihe des Leibes

... er ist, wie die Bibel zeigt, ein Tempel des Heiligen Geistes, also ein »Gebäude«, in dem Gott mittels des Heiligen Geistes gegenwärtig ist. Bei dem Begriff »Tempel« hatte damals jeder Leser oder Hörer den Tempel in Jerusalem vor Augen. Er bestand, Sie wissen das, aus dem Vorhof, dem Heiligtum und dem Allerheiligsten. Das Erste war ein äußerer, für alle sichtbarer Bereich. Das Zweite, der innere Bereich, den nur die Priester betreten durften. Und das Dritte war der innerste Bereich, der die unmittelbare Gegenwart Gottes symbolisierte. Wenn der Begriff »Tempel« genannt wurde, dann sah der Hörer zwar das Gebäude, also den äußeren Bereich, aber er verband das intuitiv auch mit dem inneren und dem innersten Bereich.

Ihr Leib ist, wenn Sie sich Jesus Christus übereignet haben, ein Tempel Gottes. Aber beachten Sie bitte, dass es dabei nicht nur um Ihren Körper geht, sondern auch um Seele und Geist. Sie sind eine Einheit, so wie der Tempel trotz seiner Dreiteilung eine Einheit bildete.

Nun wird in den Bibeltexten, die den Leib des Menschen mit einem Tempel vergleichen, speziell der Leib hervorgehoben. Das sollte beachtet werden. Ihr Leib ist ein Tempel, von Gott geplant und von Gott gebildet.

Der missbrauchte Leib

Im Folgenden will ich zuerst kurz charakterisieren, was Ihr Leib nicht sein soll, was dem Plan Gottes nicht entspricht, was Ihren Leib entweiht, was Ihren Leib pervertiert und erniedrigt.

- Ihr Leib soll keine Fabrik und kein Bürogebäude sein, sondern der Tempel des Heiligen Geistes. In der Bibel lesen wir zwar, dass der, der nicht arbeitet, auch nicht essen soll, aber Arbeit darf nicht der Inhalt und der Sinn des Lebens sein. In den zehn Geboten steht:

  > *»Sechs Tage sollst du arbeiten und alle deine Werke tun. Aber am siebenten Tag ist der Sabbat des Herrn, deines Gottes. Da sollst du keine Arbeit tun.«* (2. Mose 20,9+10)

- Ihr Leib soll keine Imbissstube und kein Restaurant sein, sondern der Tempel des Heiligen Geistes. Eines der verwerflichen Werke des von Gott abgefallenen Menschen nennt die Bibel »Saufen und Fressen« (Galater 5,21). Essen und Trinken dürfen nicht die prägenden Faktoren des Lebens sein. Wir leben nicht um zu essen, sondern wir essen, um zu leben. Die Bibel sagt:

> *»Das Reich Gottes ist nicht Essen und Trinken, sondern Friede und Freude im Heiligen Geist.«* (Römer 14,17)

- Ihr Leib soll kein Fitnesscenter und keine Turnhalle sein, sondern ein Tempel des Heiligen Geistes. Der Apostel Paulus verwendet zwar immer wieder in seinen Briefen Bilder, die dem Sportbereich entnommen sind, und das zeigt, dass die sportliche Betätigung wichtig ist. Aber Sport darf nicht zur Lebensmitte werden. Sport darf nicht zum Götzen werden. An seinen jungen Mitarbeiter Timotheus schreibt der Apostel Paulus:

> *»Übe dich selbst aber in der Frömmigkeit! Denn die leibliche Übung* (Sport) *ist wenig nütze; aber die Frömmigkeit ist zu allen Dingen nütze und hat die Verheißung dieses und des zukünftigen Lebens.«* (1. Timotheus 4,7.8)

- Ihr Leib soll kein Eroscenter und kein Sexshop sein, sondern ein Tempel des Heiligen Geistes. Wir leben in einer Gesellschaft, in der Sexualität zum zentralen Thema geworden ist. In Illustrierten, Jugendzeitschriften, Fernsehsendungen und pornografischer Literatur wird (perverse) Sexualität zum alles beherrschenden Zentrum des Lebens gemacht. Die Bibel spricht diesen Bereich ebenfalls an. Sie verneint und verteufelt die Sexualität nicht, aber sie sagt:

> *»Der Leib ist nicht für die Hurerei, sondern für den Herrn, und der Herr für den Leib.«* (1. Korinther 6,13)

- Ihr Leib soll kein Modesalon und keine Rumpelkammer sein, sondern ein Tempel des Heiligen Geistes. Mir ist bewusst, dass ich hier ein Thema anspreche, das man nicht pauschal behandeln kann. In der Kleiderfrage spielen die Persönlichkeitsstruktur, der persönliche Geschmack, die gesellschaftliche Stellung und das Alter entscheidende Rollen. Auf was ich hier lediglich hinweisen möchte: Kein Christ sollte in Kleiderfragen »auffallen wollen um jeden Preis«.

In St. Pauli sagte einmal ein Mädchen, das entsetzlich und auffallend schlampig gekleidet war: »Wenn ich schon nicht hübsch bin, dann will ich wenigstens hässlich sein.« Hauptsache auffallen, das war ihr Motto.

Ich erinnere mich an ein Gespräch, das ein älterer Pastor führte. Er berichtete, dass eine »Dame von Welt« bei einer christlichen Veranstaltung zum Glauben an Jesus fand. Nun besuchte sie die Gottesdienste der Gemeinde am Ort. Dabei war sie auffallend modern, oder genauer gesagt, aufreizend gekleidet. Einige Mitarbeiter sprachen daraufhin den Pastor an und fragten ihn, ob es nicht angebracht wäre, mit dieser Dame ein korrigierendes Gespräch zu führen. »Überlasst das bitte dem

Heiligen Geist«, antwortete er. Nach einigen Jahren hatte sich so manches bei dieser Frau verändert. Noch immer war sie modern und sehr geschmackvoll gekleidet, aber das Anzügliche hatte sie abgelegt. Der Pastor hat dann einmal mit ihr über dieses Thema gesprochen und ihr mitgeteilt, dass einige verantwortliche Brüder vor Jahren sie in Kleiderfragen korrigieren wollten. Daraufhin sagte sie: »Nach diesem Gespräch wäre ich wohl nie wieder in die Gottesdienste gekommen.«
Doch nun soll auch an dieser Stelle die Bibel zu Wort kommen:

> *»Ebenso will ich, dass die Frauen im Gottesdienst passend angezogen sind. Sie sollen sich mit Anstand und Schamgefühl schmücken ...«*
> (1. Timotheus 2,9)

Was hier die Bibel sagt, ist die ausgewogene Mitte zwischen »Modesalon und ... Rumpelkammer«. Es ist von schmücken die Rede, und schmücken hat etwas mit Geschmack zu tun.

Der geweihte Leib

»Der Leib dem Herrn«, schreibt der Apostel Paulus an die Gemeinde in Korinth und an die Christen in Rom schreibt er:

> *»Wie ihr eure Glieder hingegeben hattet an den Dienst der Unreinheit und Ungerechtigkeit zu immer neuer Ungerechtigkeit, so gebt nun eure Glieder*

hin an den Dienst der Gerechtigkeit, dass sie heilig werden.« (Römer 6,19)

Das ist der Grund, warum ich auch am Beginn des Tages meinen Leib dem Herrn Jesus weihe. Dabei nenne ich einige Glieder, die die Bibel besonders betont und verbinde das mit einer markanten Aussage aus dem Wort Gottes.

Ich weihe Jesus Christus meine **Augen**. Dabei denke ich an den Satz aus Psalm 25,15:

»Meine Augen sehen stets auf den Herrn.«

Ich will Jesus vor Augen haben, den Sohn Gottes, der mein Erlöser, mein Freund und mein Herr ist. Ich will an diesem Tag in seiner unmittelbaren Gegenwart leben. Aber ich denke auch an den Satz der Bibel:

»Als Jesus das Volk sah, jammerte es ihn; denn sie waren verschmachtet und zerstreut wie Schafe, die keinen Hirten haben.« (Matthäus 9,36)

Ich möchte den rechten Blick für die Menschen haben, denen ich heute begegne. Ich möchte mich nicht blenden lassen von Äußerlichkeiten. Ich möchte tiefer sehen – die innere Einsamkeit, die Suche nach Lebenserfüllung, die Angst und Unsicherheit.

Ich weihe Jesus Christus meinen **Mund**. Dabei steht die Aussage aus Psalm 51,17 vor mir:

»Herr, tue meine Lippen auf, dass mein Mund deinen Ruhm verkündige.«

Heute will ich die Gelegenheiten, die Gott schenkt, dazu nützen, von den Taten der Liebe Gottes zu sprechen. Ich will nicht das Lied der Klage singen. Ich will nicht Negatives reden. Ich will nicht die Siege des Teufels kolportieren. Ich will ein Botschafter Jesu sein.

Ich weihe Jesus meine **Ohren**. Dabei erinnere ich mich an den Text aus Jesaja 50,4:

> *»Alle Morgen weckt Gott mir das Ohr, dass ich höre, wie Jünger hören.«*

Ich möchte offene Ohren haben für das Reden Gottes und möchte meine Ohren verschließen vor Klatsch und übler Nachrede.

Ich weihe Jesus meine **Hände**. Dabei bete ich über folgende Verse der Bibel:

> *»So will ich nun, dass die Männer beten an allen Orten und aufheben heilige Hände ohne Zorn und Zweifel.«* (1. Timotheus 2,8)
> *»... auf Kranke werden sie die Hände legen, so wird's besser mit ihnen werden.«* (Markus 16,18)
> *»Ich erinnere dich daran, dass du erweckest die Gabe Gottes, die in dir ist durch die Auflegung meiner Hände.«* (2. Timotheus 1,6)

So bitte ich Gott um reine Hände, Hände, die er zum Bau seines Reiches, zum vollmächtigen Gebet, zur Heilung von Kranken und zur Segnung gebrauchen kann. Ich will mir heute bewusst machen, dass meine Hände seine Hände sind. Ich habe sie Jesus geweiht und damit ihm zur Verfügung gestellt.

Von dem bekannten chinesischen Theologen Watchman Nee wird berichtet, dass er in einem Abteil der Eisenbahn zwei Männern gegenüber saß. Sie hatten soeben die Skatkarten gemischt und baten ihn mitzuspielen. Nee sagte: »O, das geht nicht. Ich habe keine Hände.« Verwirrt sahen ihn die beiden an und einer antwortete: »Sie haben doch Hände.«

»Das«, entgegnete Nee, indem er ihnen seine Hände entgegenstreckte, »sind nicht mehr meine Hände. Sie gehören Jesus Christus. Darum kann ich mit ihnen nicht machen, was ich will.«

Ich weihe Jesus Christus meine **Füße**. Und in meinem Gedächtnis stehen die Aussagen der Bibel:

> *»Wie lieblich sind die Füße der Freudenboten, die da Frieden verkündigen, Gutes predigen, Heil verkündigen, die da sagen zu Zion: Dein Gott ist König.«* (Jesaja 52,7)
> und
> *»Geht hinaus in die ganze Welt und ruft alle Menschen in meine Nachfolge.«* (Matthäus 28,19)

Das will ich heute: Jesu Bote dort sein, wo ich arbeite, wo ich Menschen begegne, wo ich unterwegs bin. Meine Füße sollen mich und durch mich die Frohe Botschaft von Jesus, seinen Sieg über die Sünde, über Satan und über den Tod, zu den Menschen tragen.

Während des Evangelischen Kirchentages in Hamburg hatten wir auf der Reeperbahn unsere jährliche missionarische Woche. Die Kapitänin der Heilsarmee ließ ein Plakat anfertigen und brachte es in der Nähe der »Großen Freiheit« an. In großen Buchstaben konnte jeder lesen: »Was suchst du, Christ, auf der Reeperbahn?« Sie hatte beobachtet, dass viele Besucher des Kirchentages im Rotlichtviertel zu sehen waren.

Geweihte Füße tragen Sie nicht dorthin, wo die Sünde ist und wo der Teufel seine Siege feiert. Es sei denn, Sie haben einen Vorsatz, die Hölle zu plündern und Menschen zu retten.

»... für Jesus«

Viele Jahre hatte ich in meinem Arbeitszimmer eine »Gebetswand«. Auf einem großen Bogen Papier, der an dieser Wand befestigt war, standen besondere Gebetsanliegen und biblische Texte. Ein Text, den ich farbig hervorgehoben hatte, lautete:

> *»Jesus Christus ist darum für alle gestorben, damit, die da leben, hinfort nicht sich selbst leben, sondern dem, der für sie gestorben und auferstanden ist.«* (2. Korinther 5,15)

Diesen Satz hatte ich dann noch einmal auf den kürzesten Nenner gebracht und ihn mit Großbuchstaben darunter geschrieben:

»NICHT SICH SELBST LEBEN, SONDERN FÜR JESUS.«

Und das ist das Geheimnis der täglichen Weihe. Dabei habe ich erfahren, dass durch diese Weihe die gesamte Lebenseinstellung, Aktionen und Reaktionen, verändert und göttlich geprägt werden. Ich bin dadurch nicht zu einem perfekten Christen geworden, aber ich wurde sensibler für Gottes Gegenwart, für sein Reden und Handeln, für sein Mahnen und Rufen.

Manchmal sitze ich während Seelsorgegesprächen Menschen gegenüber, die mir ungefähr Folgendes mitteilen: »Ich habe den Eindruck, dass ich als Christ stecken geblieben bin. Es geht nicht mehr vorwärts. Mein Glaube wächst nicht. Meine Liebe ist instabil. Mein Gespräch mit Gott ist nichtssagend. Ich habe keine Ahnung, woran das liegt. Ich habe meine Vergangenheit nach Sünden oder okkulten Bindungen durchforscht. Aber alles, was mir bewusst ist, habe ich bereits bekannt. Ich will geistlich weiter kommen, aber es klappt nicht. Können Sie mir helfen?«

In solchen Situationen erkläre ich häufig diesen Gebetsschritt der Weihe. Und ich ermutige dazu, diese Lebensweihe täglich am Morgen bewusst zu vollziehen. »Testen Sie es eine Woche«, erkläre ich, »und Sie werden feststellen, dass Ihre Beziehung zu Gott echter, tiefer und beständiger wird. Und Sie werden weiter feststellen, dass sich Ihr Leben und Ihre Lebenseinstellung positiv verändern.«

Ich gebe auch Ihnen diesen Rat. Er ist einen Versuch wert. Ich habe das tausendfach erfahren.

Vierter Gebetsschritt:

Befreiung

»... da bekannte ich dir meine Sünden«

Mir gegenüber sitzt ein älterer Herr. Als junger Mann hatte er eine Entscheidung für Jesus Christus getroffen. Er heiratete eine gläubige Frau und beide engagierten sich in einer christlichen Gemeinde. Bibel, Gebet und missionarischer Einsatz hatten Priorität in seinem Leben. Aber immer dann, wenn er Gott im Gebet begegnete, stand eine dunkle Geschichte vor ihm, von der kein anderer etwas wusste. Sein Gewissen meldete sich – hundert Mal, tausend Mal. Es war im Krieg passiert. Er schleppte es mit sich herum. Zehn Jahre, zwanzig Jahre, dreißig Jahre, vierzig Jahre, ... jetzt öffnete er zum ersten Mal den Mund und sprach es aus. Es war schwer, sehr schwer für ihn, es zu bekennen. Aber welch eine Entlastung, als ihm unter Handauflegung zugesprochen wurde: »Im Namen Jesu, der alle deine Sünden am Kreuz auf Golgatha auf sich genommen hat, sage ich dir: dir ist diese Sünde vergeben. Jesus Christus hat dich reingewaschen mit seinem Blut.«

> *»Lasst uns hinzutreten, los von dem bösen Gewissen.«* (Hebräer 10,22)

Das ist der vierte Gebetsschritt, ein Schritt, den Sie wie auch die anderen ernst nehmen sollten. Ein böses Gewissen, ein anklagendes Gewissen, ein belastetes Gewissen wird immer eine Gebetsbarriere sein. Je näher Sie im Gebet Gott kommen, um so heller wird das Licht sein, das Sie umstrahlt und das Sie durchstrahlt. Licht aber wärmt nicht nur, es enthüllt auch, es zeigt die »Schmutzflecken« des Lebens, die unbereinigten Bereiche der Vergangenheit.

»Weh mir ...«

Damit hatte der Prophet Jesaja nicht gerechnet, als er zum täglichen Gebet in den Tempel ging. Er wollte beten, wie er immer betete, ganz einfach beten. Plötzlich aber war da alles erschreckend anders. Der Vorhang wurde zur Seite gezogen, der das Diesseits von den Dimensionen Gottes trennte. Jesaja berichtet:

> *»Ich sah den Herrn sitzen auf einem hohen und erhabenen Thron, und sein Saum füllte den Tempel. Serafim standen über ihm; ein jeder hatte sechs Flügel: mit zweien deckten sie ihr Antlitz, mit zweien deckten sie ihre Füße, und mit zweien flogen sie. Und einer rief zum andern und sprach: Heilig, heilig, heilig ist der Herr Zebaoth, alle Lande sind seiner Ehre voll! Und die Schwellen bebten von der Stimme ihres Rufens, und das Haus ward voll Rauch.«* (Jesaja 6,1-4)

Das war keine normale »Stille Zeit« mehr. Die Worte, die er sich zurecht gelegt hatte, blieben ihm im Hals stecken. So hatte er sich das Gebet im Tempel nicht vorgestellt. Erschüttert rief er aus:

> *»Weh mir, ich vergehe! Denn ich bin unreiner Lippen und wohne unter einem Volk von unreinen Lippen.«* (Jesaja 6,5)

Das heißt doch: Ich halte das nicht aus. Das ist ja unheimlich. Ich passe da nicht her. Noch nie hatte er sich so gesehen wie in diesem Augenblick. Er erkannte zum ersten Mal, was er später in folgenden Worten niederschrieb:

> *»Aber nun sind wir alle wie die Unreinen, und alle unsre Gerechtigkeit ist wie ein beflecktes Kleid.«* (Jesaja 64,5)

Aber zugleich wurde diese Begegnung zu einem unvergesslichen Erlebnis. Seine Lippen wurden berührt. Gott reinigte ihn. Nahm seine Sünde weg. Entlastete sein Gewissen. Und dann beauftragte er ihn neu.

Wenn das Gewissen sich meldet

Wenn Sie die aufgezeigten Gebetsschritte in Gottes Gegenwart tun, dann kann es auch Ihnen passieren, dass plötzlich eine längst vergessene Sache aus der Vergangenheit hochsteigt und Ihr Gewissen sich meldet. Machen Sie dann bitte nicht den Fehler und kehren sie das Gezeigte unter den Teppich. Schuldverdrängung ist keine Lösung. Sie kommen damit nicht weiter. Sünde muss bekannt und bereinigt werden. Mit einem belasteten Gewissen können Sie nicht befreit Gott begegnen. Ich selbst habe das erlebt. Ich schreibe diese Sätze aus dem eigenen Erfahrungsbereich.

Vor Jahren ließ mich eine Sache nicht zur Ruhe kommen. Ich war an einem Mitarbeiter schuldig geworden. Er selbst hatte das zwar nicht so empfunden, aber immer wieder meldete sich mein Gewissen. Eines Tages besuchte ich ihn und bat nach einem offenen Gespräch, an dem ich die Verfehlung aussprach, um Vergebung. Danach beteten wir zusammen. Er legte mir die Hände auf und sprach mir die Vergebung zu. Befreit fuhr ich anschließend zu einem Jugendabend, an dem ich sprechen sollte. Am Beginn der Veranstaltung wurde ich zuerst als Redner interviewt. Unter anderem stellte der Interviewer mir die Frage, ob ich auch von Zeit zu Zeit ein Seelsorgegespräch bräuchte und um Vergebung bitten müsse. Es war für mich wie eine Bestätigung von Gott, dass ich sagen konnte: »Ich komme soeben von einem solchem Gespräch, bei dem ich Sünde bekannt und um Vergebung gebeten habe.«

Unvergesslich bleibt mir der Bericht einer Mitarbeiterin. Sie erzählte, dass sie bei einer Zeltevangelisation Christ geworden sei. Als sie an diesem Abend, an dem sie Jesus Christus als ihren Erretter und Herrn angenommen hatte, nach Hause ging, hatte sie überhaupt keine besonderen Empfindungen.

Am anderen Morgen jedoch, als sie erwachte und betete, wusste sie plötzlich, dass sie jetzt ein Kind Gottes war. Aber im Gebet wurden ihr auch einige Dinge aus der Vergangenheit gezeigt, die Sünde waren. Wenn ich mich recht erinnere, waren es Kleinigkeiten, die sie zurückgeben musste und sie hatte sich auch bei einigen Nachbarn und Bekannten zu entschuldigen. In jenem Bericht sagte sie: »Als ich auch das Letzte bekannt und in Ordnung gebracht hatte, ging plötzlich eine zweite Tür im Himmel auf und ich konnte Vater sagen.« So wie sie das erzählte, mit tiefer Liebe und Überzeugung, konnte man erkennen, dass es für sie ein ganz entscheidendes Erlebnis war.

> *»Lasst uns hinzutreten, los von dem bösen Gewissen.«* (Hebräer 10,22)

Sie können auch von einem anklagenden Gewissen, von einem sich meldenden Gewissen sprechen. Das Gewissen ist wie eine Alarmglocke, wie eine Sicherheitsanlage. Es meldet sich, es ertönt, wenn irgendetwas nicht in Ordnung ist und es meldet sich besonders, wenn Sie beten und Sünde Ihr Leben belagert.

An diesem Punkt möchte ich einiges aufzählen, was verhältnismäßig häufig in der Seelsorge angesprochen wird und die Gemeinschaft im Gebet mit Gott belastet.

- Werden Sie schnell ärgerlich? Belasten Sie ihre Mitmenschen durch ein unbeherrschtes Wesen? Regiert Sie noch der Zorn? Sind Sie schnell gereizt?

- Haben Sie allen Menschen, die an Ihnen schuldig geworden sind, vergeben? Oder tragen Sie ihnen noch etwas nach? Haben Sie Bitterkeit und Ablehnung im Herzen?
- Bestimmt Sie ein Geist der Kritik? Urteilen Sie hart und schnell über andere? Sehen Sie sofort den »Splitter im Auge des Bruders und der Schwester«?
- Möchten Sie immer im Mittelpunkt stehen? Können Sie es nicht vertragen, wenn andere in Ihrer Gegenwart gelobt werden? Legen Sie Wert darauf, dass man sich bei Ihnen bedankt, dass man Ihre Taten hervorhebt? Reden Sie gern von sich selbst? Sind Sie darauf bedacht, sich selbst zu verwirklichen?
- Erzählen Sie gern Witze? Ziehen Sie vieles ins Lächerliche? Reden Sie oft leichtsinnig und unbedacht?
- Nähren Sie unsaubere Gedanken? Lassen Sie sexuelle Fantasien zu? Entheiligen Sie die Gabe der Sexualität?
- Betrachten Sie Ihren Besitz als Ihr Eigentum oder als anvertraute Gabe Gottes? Gebrauchen Sie alles zu seiner Ehre?

Alles, was ich hier genannt habe, belastet das Gewissen. Und davon will Gott uns reinigen. Wenn Sünde und Fehltritte vor Gott bekennend ausgesprochen werden, dann dürfen Sie im Vertrauen seine Vergebung und Reinigung annehmen. Wenn sich im Gebet das Gewissen meldet, dann sollten Sie nicht einfach weiterbeten. Unterbrechen Sie.

Sprechen Sie das, was Gottes Geist Ihnen gezeigt hat, konkret vor Gott aus. Danach dürfen Sie sich betend auf Gottes vergebendes Verheißungswort berufen:

> *»Wenn wir unsere Sünden bekennen, so ist Gott treu und gerecht, dass er uns die Sünden vergibt und reinigt uns von aller Ungerechtigkeit.«*
> (1. Johannesbrief 1,9)

Dann ist Ihr Gewissen von aller Schuld gereinigt und Sie sind befreit von dem belasteten Gewissen. Ich wünsche Ihnen diese Freiheit im Gebet.

Fünfter Gebetsschritt:

Erfrischung

»... werden sie dennoch frisch sein«

Ich sehe sie noch vor mir, die beinahe 90-jährige Evangelistin, Berta Isselmann. Sie war zu einem großen Jugendcamp eingeladen worden, an dem ich als Evangelist sprechen sollte. Ich hatte viel von ihr gehört – nun sah ich sie zum ersten Mal. Ich stellte mich ihr vor und sie antwortete: »Ich bin Berta Isselmann, 88 und voller Dynamik.« Ihre Augen strahlten. Es ging etwas Anziehendes von ihr aus. Am Abend rief sie der Leiter des Missiocamps auf das Podium der Zelthalle. Er wollte sie interviewen. Stellte eine erste Frage und hielt ihr das Mikrofon hin. »Das Ding kann ich schon selbst halten«, sagte sie forsch und nahm ihm das Mikrofon aus der Hand. Aus dem geplanten Kurzinterview wurde danach eine spannende und originelle Ansprache. Ihr Seminar, das sie am anderen Tag hielt, war überfüllt. Jeder wollte »Tante Berta« erleben. Das Geheimnis ihrer Anziehungskraft war Frische, war eine originelle Ausstrahlung, war ein gereinigtes Leben.

Von Reinigung und Erfrischung spricht der fünfte Gebetsschritt:

»Lasst uns hinzutreten, gewaschen am Leib mit reinem Wasser.«

Dabei geht es nicht um irgendwelchen groben Schmutz, um markante Sünden, wie Lüge oder Diebstahl oder Ehebruch und dergleichen, sondern um Reinigung vom »Staub des Alltags«, von Sorgen, Hektik, Unruhe, Gedankenlosigkeit, nebensächlichen Gesprächen, Zerstreutheit, sinnlosen Träumereien usw. Man kann das mit dem Waschen der Hände vergleichen. Da ist zwar kein Schmutz zu sehen, aber man hält sie doch von Zeit zu Zeit unter den Wasserstrahl, hat ein gutes Gefühl dabei und ist erfrischt. Oder ein noch besserer Vergleich: Sie stellen sich am Abend, nach einem warmen Tag, vielleicht nach einer Wanderung oder am Morgen, nach einer erquickenden Nachtruhe unter die Dusche. Von Verschmutzung kann da ja wohl nicht die Rede sein. Und dennoch haben Sie danach ein Feeling von Sauberkeit und Frische.

Doch um was geht es bei diesem im Bibeltext angesprochenen »waschen«? Was ist mit dem »reinen Wasser« gemeint? Wie sieht dieser fünfte Gebetsschritt praktisch aus? Zwei Aussagen der Bibel beantworten diese Fragen:

»Ihr seid schon rein um des Wortes willen,
das ich zu euch geredet habe.« (Johannes 15,3)
»Christus hat die Gemeinde gereinigt durch das
Wasserbad im Wort, damit er sie vor sich stelle
als eine Gemeinde, die herrlich sei …«
(Epheser 5,26.27)

Der letzte Gebetsschritt, der uns in Gottes Gegenwart führt, ist der Griff zur Bibel. Sie haben entdeckt, dass in beiden angeführten Texten davon die Rede ist. »*... rein um des Wortes willen*«, sagt Jesus. Und der Apostel Paulus schreibt vom »*Wasserbad im Wort*«. Das Wort Gottes, das, was Sie in der Bibel lesen, hat also eine reinigende und damit erfrischende Wirkung. Sie dürfen sich unter die »Dusche« des Wortes Gottes stellen. Sie dürfen sich im Wort Gottes »baden«. Sie dürfen sich mit dem Wort Gottes »waschen«.

Bevor ich dazu aus der Erfahrung berichte, möchte ich zunächst darauf hinweisen, dass das Wort Gottes nicht nur diese reinigende und damit erfrischende Wirkung hat. Gottes Wort hat eine mehrfache Wirkung, eine mehrfache Bedeutung.

Gottes Wort – Nahrung

Gottes Wort ist Nahrung für den »inneren Menschen«. Lassen Sie mich das kurz erklären. Wenn ein Mensch Jesus Christus als Retter und Herrn annimmt, dann wird er, wie die Bibel sagt, »von neuem geboren« oder wie es in Johannes 1,13 bezeichnet wird »aus Gott geboren«. Dadurch wird der »innere Mensch«, wie die Bibel ihn nennt, ins Sein gerufen. Jeder Christ hat also bildlich gesprochen, »zwei Menschen«, einen »äußeren Menschen« und einen »inneren Menschen«. Der Apostel Paulus schreibt:

> *»Wenn auch unser äußerer Mensch verfällt, so wird doch der innere von Tag zu Tag erneuert.«*
> (2. Korinther 4,16)

Nach dieser Erklärung komme ich zurück auf das Thema »Nahrung«. So wie der äußere Mensch ernährt werden muss – Frühstück, Mittagessen, Abendbrot – so muss auch dem inneren Menschen Nahrung zugeführt werden. Diese »Mahlzeit« für den inneren Menschen ist das »Essen« des Wortes Gottes. Jesus hat das in der Konfrontation mit Satan gesagt, als dieser den Sohn Gottes aufforderte aus Steinen Brot zu machen. Er antwortete mit einem Vers aus der Thora:

> *»Der Mensch lebt nicht vom Brot allein, sondern von einem jeden Wort, das aus dem Mund Gottes geht.«* (Matthäus 4,4)
> Und der Prophet Jeremia bekennt:
> *»Dein Wort ward meine Speise, so oft ich's empfing.«* (Jeremia 15,16)

»Essen« Sie Gottes Wort. Nehmen Sie es in sich auf. Greifen Sie mit dieser Einstellung zur Bibel. Keiner wird durch Informationen über Brot satt. Er muss das Brot nehmen und er muss es essen. Informieren Sie sich also nicht nur über die Bibel. Nehmen Sie sie selbst zur Hand, öffnen Sie sie, lesen Sie darin und nehmen Sie das Gelesene in sich auf. So wird Gottes Wort zur Nahrung für den inneren Menschen.

Gottes Wort – »Super Travel«

So jedenfalls steht es in einer Rubrik zu lesen, wenn ich in meinem Computer das Programm anklicke. Dort ist die Straßenkarte für Deutschland programmiert. Sie zeigt mir, wie ich am schnellsten über die Autobahn oder über die Landstraße zu einem gewünschten Zielort komme. Und ich sage Ihnen: Daran halte ich mich. Ich würde niemals die Straßenkarte nur ansehen, und sie als eine interessante Information betrachten und dann in irgendeine x-beliebige Richtung fahren, in der Hoffnung, dass ich schon irgendwie zum Ziel komme. München liegt immer in Bayern und Leipzig immer in Sachsen. Und wenn ich das Ziel meiner Reise erreichen will, dann muss ich die autorisierte Straßenkarte beachten.

Es gibt ein großes Lebensziel, das Sie bei Ihrer Hingabe an Jesus Christus angepeilt haben. Es ist das ewige Leben, es ist der Himmel. Es ist das Sein bei Gott. Und die Bibel sagt Ihnen, wie Sie zu diesem Ziel gelangen. Sie zeigt Ihnen den Start, erklärt die Reiseroute, warnt vor Sackgassen, Einbahnstraßen und Staustellen und spricht vom Ziel. In der Bibel steht:

> *»Darum sollen wir desto mehr Acht haben auf das Wort, das wir hören* (oder lesen), *damit wir nicht am Ziel vorbei treiben.«* (Hebräer 2,1)

Lesen Sie die Bibel also nicht nur wie eine interessante aber nicht unbedingt wichtige Information. Lesen Sie die Bibel und bedenken Sie dabei, dass sie die Generalstabskarte zur Ewigkeit ist.

Noch immer werde ich traurig, wenn ich an einen jungen Mann denke, den ich als klarstehenden und von Gottes Liebe erfüllten Christen kennen lernte. Bevor ich Theologie studierte, leiteten wir zusammen eine Teenagerfreizeit. Viele öffneten sich damals für Jesus und vertrauten sich ihm an. Der Einsatz dieses jungen Mitarbeiters war vorbildlich. Sein Bekenntnis zu Jesus faszinierte die Teenys. »Das wird einmal ein brauchbares Werkzeug für Jesus; vielleicht ein Missionar oder ein Jugendevangelist«, davon war ich überzeugt. Dann trennten sich unsere Wege. Jahre später erfuhr ich, dass er in eine extreme, schwärmerische Bewegung geraten sei. Wir trafen uns noch einmal. Ich war entsetzt, was ich da sah und hörte. Er war völlig heruntergekommen, ein frommer Landstreicher. Er orientierte sich nur noch an Träumen und Visionen. Die Bibel war für ihn ein Buch von vorgestern. Er schwärmte von Direktoffenbarungen. Sah sich als Auserwählten. Da wurde ich an jenen oben genannten Text aus der Bibel erinnert, der vom »Vorbeitreiben am Ziel« spricht.

Gottes Wort – Liebesbrief

Das ist eine weitere Variante der Bibel. Sie ist der Liebesbrief des Bräutigams an seine Braut, des

Freundes an seinen Freund, des Vaters an sein Kind. Noch sind wir ja unterwegs. Das Ziel ist noch nicht erreicht. Der Apostel Paulus schreibt, dass wir in der Zeit des Glaubens leben, und noch nicht in der Zeit des Schauens (2. Korinther 5,7). Es ist vergleichbar mit Liebespaaren, die, beruflich bedingt, weit voneinander getrennt leben. Was werden sie tun, um sich mitteilen zu können? Nun, heute greift man zum Telefon. Aber noch vor Jahren war der Brief, der Liebesbrief, die häufigste Möglichkeit der Kommunikation.

Die klarste Information von Jesus Christus finden Sie in der Bibel. Sie ist dieser Liebesbrief aus der Welt Gottes an seine Freunde. Greifen Sie immer wieder zur Bibel und machen Sie sich dabei bewusst, dass jetzt Gott zu Ihrem Herzen sprechen will. Lesen Sie die Bibel als Liebesbrief. Sie ist keine Postwurfsendung. Sie ist keine Gebrauchsanleitung. Sie ist keine Tageszeitung. Sie ist ein Liebesbrief und einen Liebesbrief verstehen und empfinden nur Liebende. Lesen Sie die Bibel mit Ihrem Herzen.

Gottes Wort – Waffe

Zur Erinnerung: Ich spreche über die verschiedenen Aspekte der Bibel. Und einer dieser Aspekte ist der Begriff »Waffe«.

Immer wieder sehe ich erstaunte Blicke, wenn ich irgendwo wie nebenbei und mich umsehend sage: »Wo habe ich denn meine Pistole hingelegt?«

Es wird schnell klar, was ich meine, wenn ich dann nach der Bibel greife.

Doch zuerst eine grundsätzliche Aussage der Heiligen Schrift zum Thema »Waffe«:

> *»Nehmt das Schwert des Geistes, welches ist das Wort Gottes.«* (Epheser 6,17)

Dieser Satz steht in einem Abschnitt der Bibel, der darüber informiert, dass es einen raffinierten und aufs Ganze gehenden Feind gibt. Es ist ein Feind, der die angreift und vernichten will, die Jesus nachfolgen. Satan ist einer seiner Namen und seine Handlanger sind privilegierte Dämonen und Geister. Lesen Sie dazu Epheser 6,10-18.

In der Konfrontation mit diesen unsichtbaren und doch realen Feinden, gibt Ihnen Gott eine siegreiche Waffe in die Hand: Sein Wort. Gebrauchen Sie es wie Jesus Christus, als er von Satan versucht wurde. Jesus diskutierte nicht mit Satan. Er verließ sich nicht auf seinen Verstand. Er setzte nicht auf seine Erfahrung. Er nahm Gottes Wort und schlug damit erfolgreich Satan in die Flucht. Dreimal wollte Satan Jesus packen und vernichten. Dreimal griff Jesus zur Waffe des Wortes Gottes und siegte (Matthäus 4,3-11). Beachten Sie dabei die »ins Schwarze treffenden Schüsse« des Sohnes Gottes: *»Es steht geschrieben«* (Vers 4). *»Wiederum steht auch geschrieben«* (Vers 7). *»... denn es steht geschrieben«* (Vers 10).

Machen Sie es wie Jesus, wenn Satan zupacken will. Greifen Sie zur Waffe des Wortes Gottes. Sie ist siegreich im geistlichen Nahkampf.

Gottes Wort – Scheinwerfer

Wer kennt nicht diesen tröstlichen Text aus dem längsten Psalm der Bibel:

> *»Dein Wort ist meines Fußes Leuchte und ein Licht auf meinem Wege.«* (Psalm 119,105)

Dieses einprägsame Bildwort ist zu einem beliebten Wandspruch geworden und kann auf vielen Spruchkarten gelesen werden. Es weckt sofort Assoziationen, ruft Bilder hervor und spricht Gefühle an.

Man denkt an einen Wanderer, der bei Nacht in einer unbekannten Gegend unterwegs ist. Welch ein Glück! Er hat eine Taschenlampe dabei. Er kann den Weg erkennen und die Wegweiser lesen.

Ein anderes Bild sind die Scheinwerfer eines Autos, die die Dunkelheit durchdringen und die Fahrbahn erhellen.

Wir wohnen in der Nähe des Stuttgarter Flughafens. Wenn es dunkel wird, dann erstrahlen Hunderte von Markierungsleuchten auf den Start- und Landebahnen. Sie sind ein entscheidender Sicherheitsfaktor für die startenden und landenden Flugzeuge. Die Flugkapitäne richten sich nach ihnen.

Lichter in der Nacht. Gottes Wort ist Gottes Licht auf Ihrem Lebensweg. Christen tappen nicht im Dunkeln. Sie wissen, wo es lang geht. Sie können sich bei den tausend Fragen, die das Leben stellt, an der Bibel orientieren.

- Wenn andere sich nach den Irrlichtern der Philosophie richten, halten sich Christen an die Aussagen der Bibel.
- Wenn andere sich von den trüben Lichtern der Psychologie Wegweisung erhoffen, holen sich Christen Orientierung aus Gottes Wort.
- Wenn andere ein Opfer der verführerischen Lampen der Esoterik, der Astrologie und des Spiritismus werden, öffnen Christen die Heilige Schrift.
- Wenn andere sich den glimmenden Fackeln der Religionen anvertrauen, dann haben Christen den hellen Scheinwerfer des Wortes Gottes.

Keiner wird den Weg verfehlen, keiner wird in Abgründe stürzen, keiner wird gegen Mauern rennen, der sich vom Wort Gottes den Weg zeigen lässt. Christen haben Durchblick, wenn sie zur Bibel greifen.

- Gottes Wort – Nahrung für den inneren Menschen.
- Gottes Wort – die Generalstabskarte auf der Reise durch das Leben.
- Gottes Wort – der wunderbare Liebesbrief Jesu an seine Braut.
- Gottes Wort – eine wirkungsvolle Waffe in der Konfrontation mit den Mächten des Bösen.
- Gottes Wort – Scheinwerfer des Lebens.

Nun komme ich zu dem Thema »Erfrischung«, von dem bereits am Anfang die Rede war, ich komme zum fünften Gebetsschritt in die Gegenwart Gottes.

Gottes Wort – Erfrischung

Die Bibel berichtet, dass die Männer, die mit Jesus unterwegs waren, einmal etwas Seltsames und beinahe Schockierendes erlebt haben. Irgendwo waren sie nach einer Wanderung eingekehrt und lagen gemütlich in der Runde. Plötzlich erhebt sich Jesus, legt sein Obergewand ab, bindet sich eine Küchenschürze um, greift nach dem Reinigungskrug, gießt Wasser in eine Schüssel, nimmt ein Tuch in die Hand, kniet sich vor einem der Jünger hin und wäscht seine Füße. Danach geht er zum Nächsten und tut das Gleiche. Betretenes Schweigen. Keiner wagt eine Frage. Peinliche Stille.

Als sich Jesus vor Petrus niederkniet und nach seinen Füßen greift, zieht dieser die Füße ruckartig weg. »Herr«, sagt er erregt, »das kommt ja überhaupt nicht in Frage, dass du mir die Füße wäschst. Wo sind wir denn hingekommen? Du bist der Meister. Jetzt drehn wir die Sache um. Ich wasche dir die Füße.« Und schon greift er nach dem Tuch.

Jesus schaut Petrus in die Augen und erwidert: »Petrus, was ich hier tue, das kannst du jetzt nicht verstehen. Aber ich werde dir das noch erklären.«

»Niemals lasse ich zu, dass du mir die Füße wäschst«, kontert Petrus. »Mein letztes Wort: In Ewigkeit wird das nicht passieren!«

Jesus antwortet auf diese impulsive Rede seines Jüngers: »Petrus, wenn du nicht zulässt, dass ich dir die Füße wasche, dann kannst du keine Gemeinschaft mit mir haben und dann bekommst du nichts von dem, was ich allen gebe, die mir nachfolgen.«

Da streckt sich Petrus blitzschnell vor, hält Jesus seine Hände hin und ruft bewegt: »Herr, dann wasch bitte alles, auch meine Hände und den Kopf!«

Jesus lächelt Petrus an. »Das ist nicht nötig«, sagt er. »Wer sich gebadet hat, der ist rein. Er braucht sich jetzt nur noch die Füße waschen lassen.«

Ich bringe diesen Bericht mit den biblischen Sätzen in Verbindung, die ich am Beginn dieses Kapitels geschrieben habe. Sie sind so bedeutsam, dass ich sie hier noch einmal nenne:

> *»Ihr seid schon rein um des Wortes willen, das ich zu euch geredet habe.«* (Johannes 15,3)
> *»Christus hat die Gemeinde gereinigt durch das Wasserbad im Wort, damit er sie vor sich stelle als eine Gemeinde, die herrlich sei ...«* (Epheser 5,26.27)

Ich wiederhole: Gottes Wort wird in diesen Versen mit Wasser verglichen, mit Wasser, das eine reinigende Wirkung hat, mit Wasser, das groben Schmutz wegnimmt und mit Wasser, das den täglich anfallenden Staub des Lebens beseitigt. Mit dieser biblisch symbolhaften Deutung können Sie auch den oben beschriebenen Bericht der Bibel besser verstehen.

Jesus erklärt seinem Jünger Petrus, das der, der sich gebadet hat, der eine Generalreinigung seines Lebens vollzogen hat, sich nicht ständig neu baden muss. Der ganze Mensch ist rein, wenn er sein Leben Jesus übereignet hat und im Akt dieser Übereignung oder danach die belastenden Sünden seines zurückliegenden Lebens vor Gott bekannt hat. Was aber wichtig ist, was immer wieder geschehen muss, ist die Reinigung vom täglich anfallenden »Staub der Straße«. In der Fußwaschung Jesu geschieht das und es wird bildhaft zum Ausdruck gebracht.

Es gehörte zum guten Ton und zur Gastfreundschaft, dass der Gastgeber seinen Gästen die Füße wusch. Verständlich im Orient. Keiner hat damals Strümpfe getragen. Keiner hatte damals die uns bekannten Schuhe an den Füßen. Sandalen waren die Fußbekleidung des Orients. Und dann noch eines: Es gab keine geteerten Straßen. Sand, überall Sand. Verständlich also, dass man sich die Füße beim Betreten eines Hauses gewaschen hat oder gewaschen bekam. Das Waschen der Füße war eine wunderbare Erfrischung, eine Belebung des ganzen Menschen. Und das geschieht im übertragenen Sinn, also geistlich, wenn wir Gottes Wort lesen. Es hat eine reinigende und damit erfrischende Wirkung. Es belebt den ganzen Menschen.

Wenn wir im fünften Gebetsschritt nach der Bibel greifen und Gottes Wort lesen, dann werden wir erfrischt.

Frische Christen braucht die Welt. Menschen, die anziehend sind. Die Freude und Hoffnung in die Familie, in Betriebe, Universitäten, Schulen und Krankenhäuser tragen. Es gibt überall so viel Staub – Ärger, Spannungen, Mobbing, Stress, Angst und Langeweile.

Die Bibel kommentiert das Leben Jesu an einer Stelle mit den Worten:

> *»Es erschien die Freundlichkeit und Menschenliebe Gottes.«* (Titus 3,4)

Es war nichts »Abgestandenes« an Jesus. Frische ging von ihm aus. Anziehende Freundlichkeit. Er liebte die Menschen mit einer echten natürlichen Herzlichkeit. Und das ist eine der Wirkungen des Gebets, das vor Gottes Angesicht führt. Dort erhalten wir diese authentische Freundlichkeit und Menschenliebe.

Pray-reading (»Betendes Lesen«)

... so nennen wir es bei unseren Jugendkonferenzen: »Betendes Lesen« der Bibel. Seit Jahren praktiziere ich das immer wieder. Zur Zeit bete ich so den Epheserbrief durch. Ich lese jeweils einen Vers laut, nehme den Inhalt in mich auf und danke, bitte oder anbete, je nach Aussage des gelesenen Verses.

Beginnen Sie doch einmal mit dem Psalm 23. Er eignet sich vorzüglich für den Einstieg in diesen fünften Gebetsschritt, in dieses betende Lesen der Bibel. Ich möchte Ihnen dabei behilflich sein, sozusagen eine »Gebetsanleitung« schreiben, oder eine kleine Kostprobe geben.

- ***Der Herr ist mein Hirte*** – *Herr Jesus Christus, danke, dass das stimmt. Du bist mein Hirte. Du bist mein Freund. Du bist mein täglicher Begleiter. Ich staune darüber. Ich bin fasziniert davon. Danke, dass ich dir gehören darf. Danke, dass du mich gerufen hast. Danke, dass du mich angenommen hast. Ich denke bei dem Begriff »Hirte« zuerst daran, dass du gesagt hast:*

»Ich bin der gute Hirte, der gute Hirte lässt sein Leben für die Schafe«. Dafür will ich dir vor allem anderen danken und immer wieder danken, dass du für mich gestorben bist. Du hast alle meine Sünden, die der Vergangenheit, die von heute und die der Zukunft auf dich genommen und sie in deinem Sterben am Kreuz in den Tod gegeben. Ich bin frei! Ich bin erlöst! Du hast alles für mich getan.

- ***Mir wird nichts mangeln*** *– das spreche ich im festen Glauben aus. Ich proklamiere das über diesen Tag: »Mir wird nichts fehlen, nichts, absolut nichts!« Wunderbar wird dieser Tag verlaufen! Was auch immer kommt – mir wird nichts fehlen! Begegnungen: »Mir wird nichts fehlen!« Aufträge: »Mir wird nichts fehlen!« Telefonate: »Mir wird nichts fehlen!« Anfechtungen: »Mir wird nichts fehlen!« Dafür sorgst du. Jesus, ich bin begeistert von dir. Du bist ein wunderbarer Hirte.*
- ***Er weidet mich auf einer grünen Aue*** *– Danke, Jesus! Ich liebe die Farbe Grün. Du weißt, dass sie meine Lieblingsfarbe ist. Sie erfreut meine Augen. Sie erinnert mich an Frühling, an Sonne, an Wärme, an Lebendigkeit. Und du weidest mich heute. Du sorgst für mich, dass ich die richtige Nahrung bekomme, Mahlzeit für Geist, Seele und Leib. Umfassend bist du für mich da. Danke, lieber Herr.*
- ***... und führet mich zum frischen Wasser*** *– Herr, meine Gedanken bleiben zuerst an dem Begriff »führet« hängen. Du führst mich. Das ist stark. Ich weiß nicht, was heute auf mich zukommt, aber du hast Erfrischung für mich. Wenn es heiß wird, stressig am Schreibtisch, im Verkehr, wenn ich am Abend von dir und deinem Angebot der Liebe spreche – du hast frisches Wasser für mich, Wasser des Lebens.*

- ***Er erquickt meine Seele** – Du, Herr, du bist die beste Erquickung. Ich liebe dich. Ich schaue dich mit den Augen des Herzens an. Danke, dass du mich von allen Seiten umgibst. Deine Gegenwart ist Freude, gibt Hoffnung und Mut. Dass du da bist, richtet mich auf, gibt mir Stärke und Gelassenheit.*
- ***Er führt mich auf rechter Straße um seines Namens willen.** Ich danke dir für diesen Garantieschein. Darauf verlasse ich mich völlig. Ich will bei rätselhaften Führungen und seltsamen Erlebnissen nicht mehr »warum?« fragen. Ich will fest darauf vertrauen, dass es die rechte Straße ist, die du mich führst, dass es die für mich richtige Führung ist, die ich erlebe. Und ich vertraue heute darauf, ich vertraue jetzt darauf, während ich diese Zeilen betend schreibe.*
- ***Und ob ich schon wanderte im finstern Tal, fürchte ich kein Unglück** – Herr, zuerst will ich dir danken, dass es mir blendend geht. Ich fühle mich wohl. Ich habe eine liebe Frau. Wir haben zwei Töchter, die dir nachfolgen. Es ist alles okay. Und ich will mir fest vornehmen, mit deiner Hilfe und in der Kraft des Heiligen Geistes mich nicht zu fürchten, wenn es einmal nicht mehr so sein wird.*
- *… **denn du bist bei mir, dein Stecken und Stab trösten mich** – Ich genieße deine Gegenwart – »du bist bei mir«. Ich bin stolz darauf, dass du mein Freund bist – »du bist bei mir«. Ich bin fasziniert davon, dass dir alle Macht im Himmel und auf Erden gegeben ist – »du bist bei mir«. Du beschützt mich vor den Angriffen des Teufels – »du bist bei mir«. Du räumst aus dem Weg, was mich zu Fall bringen könnte – »du bist bei mir«.*

- ***Du bereitest vor mir einen Tisch im Angesicht meiner Feinde*** – *Danke Jesus, dass ich keine Feinde kenne, außer dem Teufel und seinen Dämonen. Ich will, auch wenn sie wütend sind, fröhlich deine herrlichen Gaben genießen: Friede mit Gott, das Geschenk der Vollmacht, Freude und Geborgenheit, Gewissheit des ewigen Lebens und die vielen Geschenke des Lebens.*
- ***Du salbest mein Haupt mit Öl und schenkest mir voll ein*** – *Ich darf dein Bote sein. Du hast mich mit deinem Heiligen Geist erfüllt. Du hast mir die Lizenz erteilt, die beste Botschaft der Welt zu sagen. Du hast mich bevollmächtigt, Menschen zu dir zu rufen. Alles ist von dir. Alles ist Geschenk. Alles ist Salbung. Ich habe nichts zu sagen, nichts zu bieten, nichts zu geben. Ich bin nur Gefäß, zerbrechliches Gefäß, leeres Gefäß – du gibst den göttlichen Inhalt. Ich preise und erhebe dich!*
- ***Gutes und Barmherzigkeit werden mir folgen mein Leben lang*** – *Ich kann keine Worte finden, um die Freude, den Dank und die Bewegung meines Herzens vor dir auszusprechen, für diese starke Zusage. »Gutes mein Leben lang« – danke Jesus. »Barmherzigkeit mein Leben lang« – danke Jesus. Du bist unaussprechlich. Ich bete dich an.*
- *...* ***ich werde bleiben im Hause des Herrn immerdar*** – *Ja, ich will bei dir bleiben für Zeit und Ewigkeit.*

Es ist *mein* Gebet, *mein* Gespräch mit Gott, das Sie soeben gelesen haben. Sie werden andere Gedanken und Empfindungen haben, wenn Sie die Verse dieses Psalms lesen. Vielleicht stecken Sie gerade in einer Krise, in einer Ehekrise oder in einer beruflichen Krise. Vielleicht haben Sie Feinde, Menschen, die Sie schneiden, verleumden, mobben. Vielleicht befinden Sie sich in diesem finsteren Tal, von dem der Psalm spricht. Dann werden Sie anders beten.

Ich ermutige Sie, mit der geöffneten Bibel zu beten. Das ist das hörende Beten, das Beten, das darauf reagiert und antwortet, was Gott gerade zu Ihnen gesagt hat.

Lassen Sie sich reinigen und erfrischen mit dem reinen Wasser des Wortes Gottes.

Fünf Schritte zeigt die Bibel, die in Gottes Gegenwart führen: Zuerst Wahrhaftigkeit, dann Glaube, danach Weihe, schließlich Befreiung und am Ende Reinigung. Praktizieren Sie sie und Sie werden ...

Gott genießen

Mein Leben mit Gott ist ein anhaltendes Abenteuer, und das alles fängt mit dem Gebet an. Regelmäßiges Gebet, früh am Morgen, alleine mit ihm.« (8) Ich kann diesen Satz von Bill Hybels, dem Seniorpastor von Willow Creek, voll unterstreichen. Es ist auch die Erfahrung meines Lebens seit jenem Gebetserlebnis 1971, als ich weinend vor Gott lag. Damals kam ich dem Herzen Gottes ganz nahe. Und das erlebe ich immer wieder, wenn ich nach oben blicke, wenn ich meine Hände ihm entgegenstrecke, wenn ich Vater sage, wenn ich den

Namen anbetend ausspreche, der über alle Namen ist, den Namen Jesus. Ich genieße Gott, ich genieße seine Freundschaft, ich genieße seine Nähe. Auch Sie können das erleben. Er lädt Sie dazu ein. Er spricht jetzt zu Ihrem Herzen:

> ***»Wenn ihr mich von ganzem Herzen suchen werdet, so will ich mich von euch finden lassen.«***

Anhang

Gebete der Bibel zu den fünf Gebetsschritten

Erster Gebetsschritt: *Wahrhaftigkeit*
Authentisch sein vor Gott

Der Beter öffnet rückhaltlos Gott sein Herz. Er schreit, er fleht, er klagt. Er kleidet das in Worte, was ihn bedrängt und umtreibt. Das sind keine »Grüne-Tisch-Gebete«. Hier geht es nicht um schöne Formulierungen. Hier spricht das Herz.

Psalm 27

27,7 ***HERR, höre meine Stimme, wenn ich rufe; sei mir gnädig und erhöre mich!***

27,8 ***Mein Herz hält dir vor dein Wort: »Ihr sollt mein Antlitz suchen.« Darum suche ich auch, HERR, dein Antlitz.***

27,9 ***Verbirg dein Antlitz nicht vor mir, verstoße nicht im Zorn deinen Knecht! Denn du bist meine Hilfe; verlass mich nicht und tu die Hand nicht von mir ab, Gott, mein Heil!***

27,10 ***Denn mein Vater und meine Mutter verlassen mich, aber der HERR nimmt mich auf.***

27,11 ***HERR, weise mir deinen Weg und leite mich auf ebener Bahn um meiner Feinde willen.***

27,12 ***Gib mich nicht preis dem Willen meiner Feinde! Denn es stehen falsche Zeugen wider mich auf und tun mir Unrecht ohne Scheu.***

Weitere Psalm-Beispiele: Psalm 5; Psalm 6; Psalm 22; Psalm 28; Psalm 61; Psalm 69

Zweiter Gebetsschritt: *Vertrauen*
»... ohne Glauben ist's unmöglich«

Die hier wiedergegebenen Gebete sprechen vom Vertrauen, vom Vertrauen, das sich auf die Liebe und Allmacht Gottes gründet. Es ist der »Dennoch-Glaube«, der Glaube, der in der Nacht des Lebens Gott nicht anklagt, sondern an Gott festhält. Es ist der Glaube, der mit Wundern rechnet. Es ist der Glaube, der nicht ins Leere geht.

Psalm 31

31,2 ***HERR, auf dich traue ich, lass mich nimmermehr zuschanden werden, errette mich durch deine Gerechtigkeit!***

31,3 ***Neige deine Ohren zu mir, hilf mir eilends! Sei mir ein starker Fels und eine Burg, dass du mir helfest!***

31,4 ***Denn du bist mein Fels und meine Burg, und um deines Namens willen wollest du mich leiten und führen.***

31,5 ***Du wollest mich aus dem Netze ziehen, das sie mir heimlich stellten; denn du bist meine Stärke.***

31,6 ***In deine Hände befehle ich meinen Geist; du hast mich erlöst, HERR, du treuer Gott.***

31,7 ***Ich hasse, die sich halten an nichtige Götzen; ich aber hoffe auf den HERRN.***

31,8 ***Ich freue mich und bin fröhlich über deine Güte, dass du mein Elend ansiehst und nimmst dich meiner an in Not***

31,9 ***und übergibst mich nicht in die Hände des Feindes; du stellst meine Füße auf weiten Raum.***

31,10 ***HERR, sei mir gnädig, denn mir ist angst! Mein Auge ist trübe geworden vor Gram, matt meine Seele und mein Leib.***

31,11 ***Denn mein Leben ist hingeschwunden in Kummer und meine Jahre in Seufzen. Meine Kraft ist verfallen durch meine Missetat, und meine Gebeine sind verschmachtet.***

31,12 *Vor all meinen Bedrängern bin ich ein Spott geworden, eine Last meinen Nachbarn und ein Schrecken meinen Bekannten. Die mich sehen auf der Gasse, fliehen vor mir.*
31,13 *Ich bin vergessen in ihrem Herzen wie ein Toter; ich bin geworden wie ein zerbrochenes Gefäß.*
31,14 *Denn ich höre, wie viele über mich lästern: Schrecken ist um und um! Sie halten Rat miteinander über mich und trachten danach, mir das Leben zu nehmen.*
31,15 *Ich aber, HERR, hoffe auf dich und spreche: Du bist mein Gott!*
31,16 *Meine Zeit steht in deinen Händen. Errette mich von der Hand meiner Feinde und von denen, die mich verfolgen.*
31,17 *Lass leuchten dein Antlitz über deinem Knecht; hilf mir durch deine Güte!*
31,18 *HERR, lass mich nicht zuschanden werden; denn ich rufe dich an. Die Gottlosen sollen zuschanden werden und hinabfahren zu den Toten und schweigen.*
31,19 *Verstummen sollen die Lügenmäuler, die da reden wider den Gerechten frech, stolz und höhnisch.*
31,20 *Wie groß ist deine Güte, HERR, die du bewahrt hast denen, die dich fürchten, und erweisest vor den Leuten denen, die auf dich trauen!*
31,21 *Du birgst sie in deinem Schutz vor den Rotten der Leute, du deckst sie in der Hütte vor den zänkischen Zungen.*
31,22 *Gelobt sei der HERR; denn er hat seine wunderbare Güte mir erwiesen in einer festen Stadt.*
31,23 *Ich sprach wohl in meinem Zagen: Ich bin von deinen Augen verstoßen. Doch du hörtest die Stimme meines Flehens, als ich zu dir schrie.*

Weitere Psalm-Beispiele: Psalm 16; Psalm 23; Psalm 56; Psalm 91

Dritter Gebetsschritt: *Weihe*
»Nimm du mich ganz hin«

Sehnsucht nach Gott, Hingabe an Gott, Verlangen nach Gott kennzeichnen diese Psalmgebete. Sie dokumentieren, dass der Beter Gott mit Geist, Seele und Leib gehören will. Es ist Leidenschaft, heilige Leidenschaft, die diese Gebetsverse prägt.

Psalm 63

63,2 ***Gott, du bist mein Gott, den ich suche. Es dürstet meine Seele nach dir, mein ganzer Mensch verlangt nach dir aus trockenem, dürrem Land, wo kein Wasser ist.***

63,3 ***So schaue ich aus nach dir in deinem Heiligtum, wollte gerne sehen deine Macht und Herrlichkeit.***

63,4 ***Denn deine Güte ist besser als Leben; meine Lippen preisen dich.***

63,5 ***So will ich dich loben mein Leben lang und meine Hände in deinem Namen aufheben.***

63,6 ***Das ist meines Herzens Freude und Wonne, wenn ich dich mit fröhlichem Munde loben kann;***

63,7 ***wenn ich mich zu Bette lege, so denke ich an dich, wenn ich wach liege, sinne ich über dich nach.***

63,8 ***Denn du bist mein Helfer, und unter dem Schatten deiner Flügel frohlocke ich.***

63,9 ***Meine Seele hängt an dir; deine rechte Hand hält mich.***

Weiteres Psalm-Beispiel: Psalm 73

Vierter Gebetsschritt: *Befreiung*
»... da bekannte ich dir meine Sünden«

Sünde wird in diesen Gebeten beim Namen genannt, nicht beschönigend, nicht entschuldigend, nicht verharmlosend. Der Beter weiß, dass er zu einem Gott spricht, der bereit ist, Sünde zu vergeben. Und er erlebt, wie Gott diese unsichtbaren, aber unheimlichen Fesseln sprengt und so ein befreites Leben ermöglicht.

Psalm 38

38,2 ***HERR, strafe mich nicht in deinem Zorn und züchtige mich nicht in deinem Grimm!***

38,3 ***Denn deine Pfeile stecken in mir, und deine Hand drückt mich.***

38,4 ***Es ist nichts Gesundes an meinem Leibe wegen deines Drohens und ist nichts Heiles an meinen Gebeinen wegen meiner Sünde.***

38,5 ***Denn meine Sünden gehen über mein Haupt; wie eine schwere Last sind sie mir zu schwer geworden.***

38,6 ***Meine Wunden stinken und eitern um meiner Torheit willen.***

38,7 ***Ich gehe krumm und sehr gebückt; den ganzen Tag gehe ich traurig einher.***

38,8 ***Denn meine Lenden sind ganz verdorrt; es ist nichts Gesundes an meinem Leibe.***

38,9 ***Ich bin matt geworden und ganz zerschlagen; ich schreie vor Unruhe meines Herzens.***

38,10 ***Herr, du kennst all mein Begehren, und mein Seufzen ist dir nicht verborgen.***

38,11 ***Mein Herz erbebt, meine Kraft hat mich verlassen, und das Licht meiner Augen ist auch dahin.***

38,12 ***Meine Lieben und Freunde scheuen zurück vor meiner Plage, und meine Nächsten halten sich ferne.***

38,13 ***Die mir nach dem Leben trachten, stellen mir nach; und die mein Unglück suchen, bereden, wie sie mir schaden; sie sinnen auf Trug den ganzen Tag.***

38,14 *Ich bin wie taub und höre nicht, und wie ein Stummer, der seinen Mund nicht auftut.*
38,15 *Ich muss sein wie einer, der nicht hört und keine Widerrede in seinem Munde hat.*
38,16 *Aber ich harre, HERR, auf dich; du, Herr, mein Gott, wirst erhören.*
38,17 *Denn ich denke: Dass sie sich ja nicht über mich freuen! Wenn mein Fuß wankte, würden sie sich hoch rühmen wider mich.*
38,18 *Denn ich bin dem Fallen nahe, und mein Schmerz ist immer vor mir.*
38,19 *So bekenne ich denn meine Missetat und sorge mich wegen meiner Sünde.*

Weitere Psalm-Beispiele: Psalm 19; Psalm 25; Psalm 32; Psalm 41; Psalm 51; Psalm 130

Fünfter Gebetsschritt: *Erfrischung*
»... werden sie dennoch frisch sein«

Das längste Gebet der Bibel ist dieser Psalm, der Gottes Wort zum Inhalt hat. In immer neuen Variationen preist und lobt der Beter Gottes Wort. Er ist begeistert, er ist hingerissen und bewegt, von der Herrlichkeit, von der Kraft und dem unvergänglichen Reichtum des göttlichen Wortes. An einigen Stellen ist von der erfrischenden Wirkung des Wortes Gottes, von Erquickung die Rede. Auszugsweise nenne ich diese Texte.

Psalm 119
119,14 *Ich freue mich über den Weg, den deine Mahnungen zeigen, wie über großen Reichtum.*

119,16 *Ich habe Freude an deinen Satzungen und vergesse deine Worte nicht.*

119,25 *Meine Seele liegt im Staube; erquicke mich nach deinem Wort.*

119,37 *Wende meine Augen ab, dass sie nicht sehen nach unnützer Lehre, und erquicke mich auf deinem Wege.*

119,40 *Siehe, ich begehre deine Befehle; erquicke mich mit deiner Gerechtigkeit.*

119,47 *Ich habe Freude an deinen Geboten, sie sind mir sehr lieb.*

119,50 *Das ist mein Trost in meinem Elend, dass dein Wort mich erquickt.*

119,92 *Wenn dein Gesetz nicht mein Trost gewesen wäre, so wäre ich vergangen in meinem Elend.*

119,93 *Ich will deine Befehle nimmermehr vergessen; denn du erquickst mich damit.*

119,107 *Ich bin sehr gedemütigt; HERR, erquicke mich nach deinem Wort!*

119,149 *Höre meine Stimme nach deiner Gnade; HERR, erquicke mich nach deinem Recht.*

Literaturverzeichnis

Literaturverzeichnis

(1) Kraft durch Gebet, E. M. Bounds, © Herold-Schriftenmission, Leun, Seite 5/6
(2) Aufbruch zur Stille, Bill Hybels, © 1992 by Gerth Medien GmbH, Asslar, Seite 9
(3) Von geistlichen Reden, Helmut Thielicke, © Quell/Gütersloher Verlagshaus, Gütersloh, Seite 119
(4) Handbuch der Neutestamentlichen Verheißungen, Friedhold Vogel, © Hänssler Verlag
(5) Aufbruch zur Stille, Bill Hybels, © 1992 by Gerth Medien GmbH, Asslar, Seite 35
(6) Kraft durch Gebet, E. M. Bounds, © Herold-Schriftenmission, Leun, Seite 49
(7) Kraft durch Gebet, E. M. Bounds, © Herold-Schriftenmission, Leun, Seite 5
(8) Aufbruch zur Stille, Bill Hybels, © 1992 by Gerth Medien GmbH, Asslar, Seite 140